Herder Taschenbuch 1638

Über das Buch

Vielen Lesern hat Erika Lorenz einen neuen, ganz unkonventionellen Zugang zu den großen Gestalten der spanischen Mystik erschlossen. „Ihre Arbeiten sind für mich ein Beispiel", schrieb z. B. Johannes Bours, „daß exakte wissenschaftliche Forschung in einer Sprache vermittelt werden kann, die das eigene Leben anrührt". Der literarische Brückenschlag zu Teresa von Ávila, Johannes vom Kreuz, Francisco de Osuna und Ramon Llull konnte nur gelingen, weil die bekannte Hamburger Romanistin selbst einen inneren Weg gegangen ist, der von indischen Meditationserfahrungen zur Wiederentdeckung der christlichen Versenkungspraxis, vom „Karma zum Karmel" führte. Viele Menschen sind wie sie auf der Suche nach authentischer spiritueller Erfahrung und Erfüllung. Darum ist ihre Autobiographie zugleich eine Einladung, es mit dem verborgenen Gott immer wieder zu versuchen.

Über die Autorin

Erika Lorenz, geboren 1923 in Hamburg, Dr. phil., Professorin für Romanische Philologie an der Universität Hamburg, Hauptforschungsgebiet ältere spanische Literatur.

Erika Lorenz

Vom Karma zum Karmel

Erfahrungen auf dem inneren Weg

Herder Taschenbuch Verlag

Originalausgabe
erstmals veröffentlicht als Herder-Taschenbuch

Buchumschlag: Werner Bleyer
Umschlagfoto: Miranda Taraz-Herrlich, Hamburg
Die Fotos (S. 19 und S. 67)
sind von Rosmarie Pierer, Hamburg

Herder Freiburg · Basel · Wien
Herstellung: Freiburger Graphische Betriebe 1989
ISBN 3-451-08638-7

Inhalt

Ich über mich

Mein „New Age" begann vor gut 20 Jahren und ganz ohne mein Zutun. Und meine „Meditationswelle" erfaßte mich drei Jahre später, nicht aus Lust, sondern aus Frust – um sich dann freilich in Lust zu wandeln. Meine „Neue Religiosität" dagegen begann nie oder schon mit meiner Taufe. Zwar irritierte ich dabei – einjährig – den Geistlichen mit meinen ständig am Ende seiner Sätze fragenden „Ach?", aber eigentlich habe ich mich doch, so weit ich zurückdenken kann, immer um ein aktives Christsein bemüht, zuerst evangelisch, dann katholisch, immer mehr Wollen als Vollbringen, doch auch täglich wieder anders und neu.

Aber ich möchte erzählen, wie mich meine sieben Lebensjahre durchflutende Meditationswelle, die „TM" (Transzendentale Meditation) und die ihr folgende Neuentdeckung alter christlicher Gebetsmethoden, zu Erfahrungen führte, die heute für viele Menschen als Frage, Suche, Zweifel oder Hoffnung eine Rolle spielen. Deshalb überwinde ich meine Scheu vor persönlichen Konfessionen, zumal sie mir rückblickend gar so persönlich nicht mehr scheinen wollen.

Dabei versteht es sich von selbst, daß ich nicht als Wissenschaftlerin, sondern als Mensch und Frau schreibe, wenn mir auch meine Spezialität, die Hispanistik, half, Zugang zu verborgenen Schätzen der Christenheit zu gewinnen, die bekannt zu machen meine ganze Freude (und der Inhalt von mehr als 10 Büchern) ist.

Indiens religiöse Tradition kam auf mich zu nicht nur im Gewande der üblichen TM, sondern vor allem in Gestalt ihres Begründers Maharishi Mahesh Yogi. Ein Meister klassischer Prägung, wenn mir auch seine für uns erfundenen „amerikanischen" Propagandamethoden nicht zur reinen Freude gereichten. Dankbar bin ich ihm für seine liebevolle Offenheit allen Suchenden gegenüber, für alle mir vermittelten Erfahrungen, die positiven und die negativen, die mich frei machten, nach intensiven Lehrjahren meinen eigenen Weg zu suchen und zu gehen.

„Erfahrung" meint in diesem Buch kein letztes Ziel. Und zur in unserer Zeit so viel zitierten „Gotteserfahrung" möchte ich mit meinen großen spanischen Mystikern Teresa von Ávila und Johannes vom Kreuz – beide in unserem Jahrhundert nicht zufällig zu Kirchenlehrern ernannt – sagen: Sie setzt voraus, daß wir einzig Gott suchen. Suchen wir dagegen die Erfahrung, so finden wir uns selbst mit unserer geistlichen Habsucht.

Die Begegnung zwischen Hinduismus (im weitesten Sinne „östlicher" Religiosität) und Christentum konzentrierte sich in meinem Erleben in den Symbolen „Karma" und „Karmel". Ich bin also weder eine Spezialistin karmischen Denkens, noch wurde ich Karmelitin. Beide Symbole sind einem schlichten und durchschnittlichen Alltag eingefügt. Es ging dabei um ein persönliches Nachspüren und „Nachbeten" im buchstäblichen Sinne, das mich entdecken ließ, daß nicht die Methode entscheidet, sondern die sie übersteigende innere Hingabe. Und auch diese nicht als unser Werk, sondern als Wirken Gottes, das dort beginnt, wo die Methode endet.

Oder sollten wir Christen lieber ganz auf die meditativ betende „Versenkung“ verzichten, weil Nächstenliebe und Nachfolge Christi ins praktische Leben gehören? Ich hoffe, daß die folgenden Kapitel auch auf diese Frage eine Antwort geben.

Hamburg, im Oktober 1988 *Erika Lorenz*

„Muff von tausend Jahren“?

Donnerstag, der 9. November 1967: Rektoratsfeier an der Universität Hamburg. Ich kam gerade von einer Gastprofessur in Lateinamerika zurück. Jetzt suche ich in einer Art Kleiderkammer unter dem Auditorium maximum den passenden Talar, das richtige Barett. Jede Fakultät hat für die Kopfbedeckung eine eigene Farbe, königsblau ist die meiner Philosophischen Fakultät. Ich beobachte mit stiller Heiterkeit, wie bei manchem Kollegen mangels stützender Haare das Barett auf die Henkelohren rutscht, dort unverrückbar gehalten.

Ich bin zum ersten Male dabei, „sie wurde gerade Professor“, heißt es, ich suche vergeblich einen Spiegel. Für weibliche Eitelkeiten ist in diesen heiligen Hallen kein Platz. Als das Barett – der Aussage der Fingerspitzen nach – den richtigen Sitz hat, suche ich mit allen anderen zwischen den gestärkten breiten Halskrausen die richtige Kragenweite. Die berühmte radartige Halskrause der Hamburger Pastoren, und auch „meiner“ großen Dichter des spanischen goldenen Zeitalters – Cervantes etwa, den Schöpfer des Don Quijote – wer könnte ihn sich anders denken? Irgendwie gibt es da eine Beziehung zwischen der spanischen Renaissancetracht und den Hamburger Pastoren, aber ich habe sie vergessen. Und woran ich gar nicht denke: auch der Hanswurst trägt diesen Kragen. Lache, Bajazzo!

Eine Viertelstunde später hätte es mir einfallen können. Die Feier des Rektoratswechsels beginnt, wir formieren uns zum feierlichen Zuge, voran die beiden einander ablösenden Rektoren. Nein, ganz vorne eine kleine Gruppe von Studenten; der Würde der Stunde entsprechend gekleidet, halten sie so etwas wie eine Fahne. Nun, nach ein paar Schritten im Auditorium maximum, entrollen sie den Stoff, es ist ein Transparent, weiße Schrift auf schwarzem Grund. Wir dahinter können den Text nicht sehen, auch ist unser Zug sehr lang, etwa 200 Professoren. Ich denke mir, auf dem Transparent wird wohl das gleiche stehen wie über dem Eingang unserer Universität: „Der Forschung, der Lehre, der Bildung".

Ich freue mich, wieder in Hamburg zu sein. In Bogotá war es doch oft recht schwierig an der total politisierten Staatsuniversität mit ihren permanenten Studentenrevolten. Wenn ich davon nach Hamburg schrieb – Bomben in der Universität, ständige Unsicherheit, ob überhaupt Vorlesungen stattfinden könnten, Geiselnahmen und Schießereien auf offener Straße – so schien man bei mir eine reichlich blühende Phantasie zu vermuten. Jedenfalls landeten, wie ich später erfuhr, meine Berichte in der Personalakte – für alle Fälle zum Beleg meines Gemütszustandes.

Nun aber marschierte ich ruhigen Gemütes mit allen Kollegen hinter dem Transparent her. Nanu? Gelächter im Saal, Pfiffe, heftige Wortwechsel. Was geschieht da vorn? Trotz des Tumults an der Spitze nehmen wir auf dem Podium Platz – und nun sehen auch wir sie, die Aufschrift:

Unter den Talaren Muff von tausend Jahren!

Die einsetzende Musik übertönt die Unruhe, ich habe Zeit zum Nachdenken. Das Wort „Muff" scheint mir nur töricht. Ich schaue auf meine Kollegen, die meisten schwungvolle Männer in den besten Jahren, an der überfüllten Universität zu überdimensionalen Arbeitsleistungen fähig. Ich selber 45 Jahre alt. Ich rieche keinen Muff. Aber ich bin stolz auf die tausend Jahre. Das haben sie also doch gemerkt, diese seltsamen Knaben da vorn, daß jeder von uns (mindestens!) einen Stoff von tausend Jahren beherrschen muß, in Herz und Geist bewegen – ist das vielleicht nichts? Die Musik hat aufgehört, in die Stille hinein beginnt der Rektor seine Rede über die drohende wirtschaftliche Rezession, 1757 Augenpaare sind von den Zuschauerplätzen auf unser Podium gerichtet. Während der Rede werde ich zornig, denn sie wird immer wieder durch Gegenrede und Zwischenrufe gestört – so respektlos, wie ich das von meinem Kolumbienjahr kenne. Wo ich mich im übrigen aber mit den „roten" Studenten gut verstand, denn sie hatten ganz eindeutige Gründe: Armut, Elend, mangelnde Alphabetisierung. Kaum einer meiner Seminarteilnehmer dort vermochte das Spanische orthographisch richtig zu schreiben. Zu wenige Schuljahre trugen die Schuld, und die Kollegen sagten mir: „Beachten Sie in ihrer Benotung nicht die Orthographie".

Aber hier bei uns? Was sollte der Klamauk? Die Feier war zu Ende, eiliger, weniger würdevoll verließen wir den Saal. An einigen Stellen gab es Tumulte, Handgemenge. Ein Verwaltungsbeamter hielt mich am weiten Talarärmel: „Bitte lassen Sie noch ein Foto machen für unser Album. Jeder neue Professor, der den Talar zum ersten Male trägt, kommt hinein!" Ein Scherz? Nein, und ich lasse es tatsächlich ein paar Tage später noch machen. Der letzte Talar, die letzte Feier alten Stils, das Ende der deutschen Humboldt-Universität mit ihrer großen Tradition. Erst später werde ich wissen, daß hier ein neues Kapitel deutscher Hochschul-Geschichte aufgeschlagen wurde, nicht immer das beste.

Alles wird anders. Bald gibt es keine Philosophische Fakultät mehr. Sie wird aufgesplittert in „Fachbereiche", statt der Dekane haben wir „Sprecher". In meinem Fachbereich Sprachwissenschaft erfahre und sehe ich nun nichts mehr von den Kollegen anderer Fächer, nichts von Kunstwissenschaft und Psychologie, nichts von Geschichte und Orientalistik, schade. Nach einigen Semestern kennt man nicht einmal mehr die Namen dieser Kollegen, wenn neue kamen. Und es kommen viele neue, denn viele alte gehen. Ich muß bleiben, noch zu wenig „Muff".

Und mit jedem Tag wird deutlicher: was ursprünglich nur eine auf Mitbestimmung dringende studentische Bewegung sein sollte, gerichtet gegen überholte „Ordinarienherrschaft" und Mißstände in Massenfächern wie Pädagogik, Politologie, Psychologie, angeheizt von der „APO", der „Neuen Linken", wird bald von radikaleren Kräften gelenkt und verwandelt. Voran der „Sozialistische Deutsche Studentenbund", gefolgt von den „Roten Zellen" und dem „Marxistischen Studentenbund Spartakus". Man fordert Studienzulassung ohne Abitur, Uni für alle, man will „Aufhebung der Herrschaft von Menschen über Menschen", zugleich aber auch „alle Macht den Räten", kurz, man will nicht mehr die Verfassung der Bundesrepublik Deutschland, arbeitet für den gesellschaftlichen Umsturz, die marxistische Revolution.

Wobei man vorläufig als Versuchsfeld die Universität benutzt. Das schwarze Transparent der anfänglichen Zauberlehrlinge (der Trauerflor von der Begräbnisfeier für Benno Ohnesorg!) wird immer fataler symbolträchtig.

In den Gremien, in den Sitzungen sind die linksextremen Studentengruppen tonangebend. Die Masse der Studenten verhält sich passiv und unpolitisch – so wird sie manipuliert. In den Fachbereichssitzungen stricken die gewählten studentischen Damen, während die Herren Zeitung lesen. Aber beim Abstimmen heben sie stets die Hand und gewinnen immer. Alles ist nun hochpolitisch, ich sehe in den entscheidenden Gremien immer weniger Professoren, neue Gesichter tauchen auf, die Habilitation scheint so unnötig wie das Abitur.

Einige alte Kollegen sind noch da, um zu retten, was zu retten ist. Aber leider ist nichts mehr zu retten. Andere sind „Bekenner" (= „Professoren") der neuen roten Farbe. Ich wundere mich über so manchen Gesinnungsumschwung, den ich nie vermutet hätte. Denn wir Professoren sind und bleiben zwischen all dem Rot die schwarzen Schafe; die Bösen, die Minderwertigen, die immer Schuldigen. Eine neue Art von „Klassenkampf" hat verständliche Kritik der jungen Generation verdrängt. Dem Unverständnis für „uns Wunderkinder" folgen die Rhetorik und das Handeln der Gewalt.

Schon in der Eingangshalle schreien es uns die Wandschmierereien entgegen, die niemand entfernt. Die „studentische Fachschaft Romanistik", d.h. der MSB Spartakus, hat auf unserem Stockwerk den besten Hörsaal als Aufenthaltsraum erhalten. Dort werden die Flugblätter und Plakate hergestellt, die allem mit Zerstörung drohen: „der Gesellschaft", dem Staat mit seiner Verfassung, zunächst aber unserer Hamburger Universität und ihren Professoren. Nur hat sich das „draußen" noch nicht herumgesprochen.

Es gelingt mir, einen Artikel in die „Welt" zu lancieren, in dem ich sage, was ich denke. Am nächsten Tag habe ich Seminar. Eisiges Schweigen (und einige mitleidsvolle Blicke) empfangen mich, als ich den Hörsaal betrete. Ich soll Rechenschaft ablegen über die Aussagen meiner Veröffentlichung. Wieso kann ich es wagen, mich derart „bürgerlich" zu äußern? Ich sage: „Ja, halten Sie mich denn für einen Nestbeschmutzer?" Von diesem Tage an trage ich stets eine Gaspistole in der Handtasche, wenn ich die Universität betrete. Wer ließe sich denn gern aus dem Fenster des 11. Stockes werfen?

Auf den Flugblättern üben sich werdende oder fertige Terroristen mit Androhungen von vernichtender Brutalität. Auf dem Campus werden entsprechende Bücher verkauft, reißenden Absatz finden die über das Bombenbasteln. Ich frage überall an, bei der Universitätsleitung, bei den Parteien, im Rathaus: darf denn jeder das lernen? Gibt es nicht Grenzen der Freiheit, wo und wenn sie Leben und Freiheit der Mitmenschen bedroht? Was wird sein, wenn diese langhaarigen, unter ihren Bärten Verborgenen selbst Bomben herstellen können? Man lacht mich aus. „Sind Sie vielleicht autoritär?" Ich bin es, mit einigem Recht, wie ich meine. Aber wir Professoren sind ja nun die endlich Verfolgten, endlich wird es uns gegeben – Apartheid!

Mit den meisten meiner romanistischen Kollegen verstehe ich mich gut. Einige kämpfen, andere resignieren. Wir haben jetzt einen „Institutsrat", in dem alles und jedes besprochen werden muß. Jedes anzuschaffende Buch, jede Personalfrage. Transparenz? Oft spielen sich die Sitzungen an zwei sehr verschiedenen Tischen ab. An einem sitzen die Lehrenden, die akute Fragen zu entscheiden haben, mit den gesellschaftsverändernden studentischen Vertretern. Eine neue Studienordnung ist zu erarbeiten, denn die Humboldt-Universität ist ja tot. Die Studenten sagen uns: „Wir wollen keine anderen Vokabeln mehr lernen als solche, die der französische Arbeiter spricht. Wir wollen kein spanisches Gedicht mehr interpretieren, das keinen klassenkämpferischen Inhalt hat. Wir wollen den ganzen alten Plunder nicht". Dafür haben sie ein „imperatives Mandat", gegen den Muff von tausend Jahren!

Nun bleiben nicht einmal mehr hundert Jahre für Inhalte der neuen Studienordnung. Aber wenn wir an dem einen Tisch über dieses alles sprechen wollen, tanzen die mitgebrachten politischen Freunde der studentischen Vertreter als „Gäste" auf dem anderen. Tanzen und lesen mit lauter Stimme aus kommunistischen Zeitungen vor oder proklamieren ihre neuesten Flugblätter in Fäkaliensprache.

Einmal brachen wir am Arbeitstisch die Sitzung ab, man konnte sein eigenes Wort nicht mehr verstehen. Wir gingen in ein Professorenzimmer, aber die Studenten kamen hinterdrein, wollten eindringen. Wir konnten nicht abschließen, verwehrten den Eingang zuerst mit klaren Worten, dann mit dem Versuch, die Tür zuzuhalten. Die Gegenseite war stärker, die Tür flog auf, einer meiner Kollegen wurde heftig gegen die Wand geschleudert. Schmerzen.

Jemand ging zum Telefon, jetzt brauchten wir wirklich Hilfe. Anruf bei der Universitätsspitze. Spitze Antwort der Spitze: „Warum sind Sie nicht netter zu den Studenten?" Wirklich nicht Spitze! Auch in der Lehre immer neue Schwierigkeiten. Ich habe ein Victor-Hugo-Seminar angesetzt, „Les Misérables", diesen großartigen Roman mit brisant sozialer (aber nicht sozialistischer) Thematik. Als ich in der ersten Sitzung Referate und Texte verteilen will, wie ich es nun schon zehn Jahre lang tat, schlägt mir Empörung entgegen: Ich habe einen „Informationsvorsprung", der nicht zu dulden ist. Ich bin eine „Fachidiotin". Man werde nun selbst den Roman lesen, höre ich. Und dann entscheiden, was zu referieren, was zu lesen sei. In mir steigt mit der Wut auch Bosheit auf: sollen sie doch! Sollen sie doch in die eigenen Messer laufen! Eine Gruppe wird gebildet, die in drei (verlorenen) Wochen einen neuen Seminarplan ausarbeiten soll.

Unterdes übe ich mit der getreuen Mehrzahl unpolitisierter und hilfloser Studenten sprachliche und geschichtliche Dinge, die sie brauchen können, für das Seminar und fürs Examen. Nach drei Wochen tritt die Tyrannengruppe kleinlaut an. Und überraschend ehrlich: Man sei zu dem Schluß gekommen, daß die von mir herausgesuchten Themen und Texte die besten seien. Nun können wir endlich anfangen. Wieviel Zeit, wieviel Kraft und Nerven sind vergeudet! Und dieser Terror nennt sich „herrschaftsfrei"! In manchen anderen Fächern ist es noch schlimmer. Einen schwerbehinderten Kollegen schleifen sie bei einem der zahlreichen Streiks an Händen und Füßen über den Korridor. Ich muß mir manchmal meinen Weg bahnen über auf den Treppen ausgestreckte Körper, denn an die Fahrstühle

Erika Lorenz
(Foto für das Album der Universität Hamburg)

ist bei Streiks sowieso nicht heranzukommen. Aber der „Lehrkörper" muß immer alles tun, um seiner Lehrpflicht nachzukommen. Nicht ganz angenehm für eine Frau, diese Turnerei über ausgestreckte Beine, erhobene Füße. Aber wenn sich dann zwei oder drei lernwillige Studenten auch heldenmütig zum Vortragssaal oder Seminarraum durchgekämpft haben, fühlt man sich reich belohnt.

Kein Kopfstand

Ich spüre, wie meine Gesundheit sich verschlechtert. Kein Wunder, zumal auch die Arbeit zunimmt. Die normalen Studenten, also die meisten, finden die Uni unerträglich, wollen schnell heraus, Examen machen. Ich prüfe Spanisch und Französisch, vor allem für das damals höchst aussichtsreiche Lehramt. Die Zahl der Kandidaten ist kaum noch zu bewältigen. Es gibt aber auch „Rote", die fleißig sind; die intelligentesten, die den Marsch durch die Institutionen antreten wollen. Bomben in Menschengestalt, zumindest Handgranaten. Nun kann ein böswilliger Prüfer jeden Prüfling so examinieren, daß er durchfällt, es ist nur die Frage der Taktik. Aber kann ich das tun? Ich kann es nicht. Ich prüfe fair. Der Marsch kann beginnen. Schuldgefühle in jedem Falle, auch nicht gesundheitsfördernd.

Meine Sprechstunde ist ständig überfüllt, die Kollegen nennen sie „die Poliklinik". Freitags beginne ich um 17 Uhr, steige selten vor 22 Uhr abends in mein Auto oder, bei Eis und Schnee, in die S-Bahn. An einem langen dunklen Winterabend – Eisregen prasselt gegen die Fenster unseres betonbewehrten Hochhauses – kommt eine dunkelhaarige, nicht mehr ganz junge Studentin in meine Sprechstunde, die eine sympathische Freundlichkeit und Ruhe ausstrahlt. Sie ist mir unbekannt, aber sie möchte sich bei mir zum Examen anmelden. Ich sage: „Es tut mir leid, aber das geht nicht. Sie haben nicht bei mir studiert, ich bin schon völlig überlastet mit den Prüfungen meiner eigenen Seminarteilnehmer".

Die Antwort überrascht mich, denn sie befaßt sich mit mir: „Es ist ja kein Wunder, wenn Sie bei allem Streß gesundheitlichen Schaden erleiden. Aber ich könnte Ihnen helfen, das alles leichter zu bewältigen". Ich schaue fragend. „Ich bin als Lehrerin im Yoga ausgebildet, in einer sehr effektiven Art der Meditation, die zu tiefer Entspannung führt, Kraft gibt. Wollen Sie das lernen?"

Pause. Ich bin durchzogen von einer ganzen Bilder-Gedankenkette: Yoga-Selbstversuche schon seit dem Abitur, Bücher als „Meister", manch Positives, aber immer schnell wieder versandet. Neulich beim Friseur der Artikel in einer Illustrierten. Ein indischer Yogi mit europäischen Schülern, der sie lehren will, mehr als die üblichen 10% ihres „geistigen Potentials" zu nutzen – nicht Intelligenzbestien züchten, sondern lichter, harmonischer entwickelte Menschlichkeit als Folge seiner Meditationsmethode.

Ich dachte bei der Lektüre: „Das wäre etwas. Etwas anderes als Marx und Engels, Kollektivismus und Fäkaliensprache, etwas anderes als Gewalt und unmenschliche „Anti-Autorität". Ich hebe den Kopf und sage: „Ja".

Mein ruhiges dunkelhaariges Gegenüber erschrickt: „Sie sind aber mutig!" „Nein", sage ich, „mutig sind Sie. Denn wenn Sie mich zu Tode meditieren, kann ich Sie nicht prüfen". Sie bleibt erfreulich distanziert, auch wohltuend im Gegensatz zu all der neuen universitären Kumpelei. (Eines Tages, wie aus heiterem Himmel, begannen alle Studenten meines Seminars einander zu duzen. Und bald duzten etliche Professoren mit. Ich nicht.) Nun aber sagte meine Studentin und künftige Lehrerin ernst, sie müsse mir, bevor sie mich in die Methode einführe, noch einiges erklären. Wann ich Zeit hätte? Ich sagte: „Gar nicht. Ich will nichts erklärt haben. Ich will es ausprobieren, unbeeinflußt!" – Sie fügte sich.

Einige Abende später erschien sie wie verabredet in meiner Wohnung. Ich hatte zur Einführung Blumen besorgen müssen, einen Apfel, eine Kerze, ein weißes Tuch. Und ich dachte: Warum nicht? Ich öffnete die Haustür im Trainingsanzug, denn ich vermutete und befürchtete, daß ich bei der Initiation würde kopfstehen müssen oder so. Aber meine neue Lehrerin, sanft und bestimmt, sandte mich ins Nebenzimmer. Dort sollte ich mich eine Viertelstunde ruhig verhalten. Als ich erwartungsvoll und kopfstandbereit mein Wohnzimmer wieder betrat, hatte sie aus meiner Truhe einen kleinen Altar gemacht. Eine Kerze brannte, neben meinen Blumen stand das farbige Bild eines offensichtlich einer früheren Epoche angehörenden Gurus. Ich dachte: ein indischer Heiliger. Warum nicht? – Und wartete auf meinen Kopfstand.

Aber meine sanfte Initiatorin begann nun einen leisen Singsang, blumenzart, Räucherstäbchen schwenkend. Die Sprache klang mir nach Sanskrit, ich hatte das einmal lernen wollen. Es war Sanskrit, und sie sang es auswendig. Das ganze klang nach mehr als tausend Jahren – ich lauschte aufmerksam und mit Sympathie. Das alles wirkte menschlich, wenn man den Menschen als Homo religiosus versteht, wie ich es tat, wirkte liebevoll, diszipliniert und ungezwungen zugleich. Ich mußte nur zuhören, keine Anstrengung, kein Kopfstand, nicht einmal Falten der Beine zum schmerzhaften Lotossitz. Nur ein kurzes Beugen des Knies. Warum nicht? Schließlich habe ich gut katholische Knie. Am Ende des ruhig verströmenden Singsangs sagte sie mir leise ein Wort – wohl immer noch Sanskrit – das ich wiederholen mußte. Leise. Dann mich setzen, die Augen schließen, es nur noch innerlich sprechen, mühelos wiederholen, es nicht zwingen, sehen, was es tut.

Ich probierte, sofort wurden mir alle Glieder schwer und warm. Ich kannte das Gefühl vom autogenen Training. Die Ruhe vertiefte sich, das Wort (das Mantra, „die Silbenkombination", wie meine Initiatorin sagte) wurde leiser, ferner, ausgebreiteter. Je mehr es verschwand, um so allgegenwärtiger war es. Ich ließ es geschehen, die Gedanken verebbten. Aber auf einmal stellten sich innere Bilder ein. Ich stieg zwischen Felsen einen nächtlichen Pfad hinauf, unheimliche Gestalten lauerten am Rande, reckten armähnliche Gebilde schattenhaft nach mir aus. Da nahm ich wieder mein Mantra auf, hielt es ihnen entgegen wie eine Fackel und wie einen Passierschein. Sie verschwanden, das Dunkel war nun voller Sterne. Die Sterne begannen zu kreisen, eine nie gehörte Musik klang auf, Chöre, Menschen in schönster Harmonie.

Da hörte ich wieder die Stimme der Initiatorin. Ich sollte in die Welt der Gedanken zurückkehren, tief durchatmen, langsam die Augen öffnen. Man hatte mich in die Transzendentale Meditation eingeführt, ein mir zu dem Zeitpunkt noch unbekanntes Wort. Und ich fühlte mich beschenkt, entspannt, glücklich.

Daß auch die inneren Bilder noch ein Vorgang von Läuterungen sind, des „Entstressens", wie man in der

TM-Sprache sagt, daß es noch viel tiefere Zustände der Ruhe und unbewußten Regenerierung gibt, erfuhr ich später allmählich. Die TM, was man auch sonst von ihr denken mag, ist eine klare Technik guter Tradition. Sie erfordert geduldige und beharrliche Lehrjahre. Jedenfalls tat sie das damals noch.

Bhakti – Weg des Herzens

Ich übe nun beharrlich und regelmäßig „ twenty minutes twice a day", so empfiehlt es der Yogi in seinem Buch „Die Wissenschaft vom Sein und die Kunst des Lebens", das ich vorwärts und rückwärts lese. Ich staune, daß es sechs Systeme indischer Philosophie und fünf Arten von Yoga gibt, daß die hinduistische Gottesvorstellung auch den persönlichen Gott kennt, den sie allerdings am Ende (in der Vollendung) in „Urgrund" auflöst. Aber einen Urgrund kann man nicht lieben, darum muß das mir am vertrautesten scheinende „Bhakti-Yoga", das Gottesliebe meint, ja doch wohl auf den vorläufigen persönlichen Gott gerichtet sein. Maharishi, der Yogi, bemüht sich, so schreibt er, um eine Synthese der Yogaarten. Nun gut, so habe ich mein Bhakti mit drin, denn als aktive Christin geht es mir vor allem um die Liebe, auch in der Versenkung. Gottesliebe, untrennbar von Nächstenliebe – Annäherung der Religionen, aus Ferne wird Nähe. Ich lese bei ihm:

„Liebe zu Gott ist die größte Tugend, die ein Mensch je üben kann; aus ihr entwickelt sich Liebe zu Gottes Schöpfung, zu den Kindern Gottes. Güte, Mitgefühl, Toleranz und Hilfsbereitschaft für andere strahlen aus von einem Herzen, in dem die Gottesliebe wächst. Glücklich sind die, deren Leben dem allmächtigen Gott gewidmet ist und dem Gedeihen seiner Schöpfung. Der Gott Liebende geht unter im Ozean seiner Liebe, und auch Gott geht unter im Ozean der Liebe des Liebenden. Dies ist die große Einheit in all ihrer Einfachheit".

Wie sollte ich hierzu nicht Ja sagen? Wenn man aber meine sanfte Initiatorin, die ich noch manchmal zum „checking", zur Überprüfung treffe, mir vom „movement" erzählt, höre ich nicht recht hin, denn seit dem Dritten Reich mag ich keine „Bewegungen". Dagegen horche ich auf, wenn sie von ihrem Meister spricht. Seinen Namen behielt ich erst, seit ich sein Buch besaß: Maharishi Mahesh Yogi, wobei „Maharishi", was „großer Seher" bedeutet, sein „Künstlername" ist. Meine Überraschung ist grenzenlos, er ist „der" meiner beim Friseur entwickelten Sehnsüchte, „der" aus der Illustrierten, der mein zwangsweise auf marxistische Literatur und Arbeitersprache beschränktes „geistiges Potential" entwickeln will, ganz unangefochten von unseren täglichen Schlachten um die neue „Studienordnung", in der gar nichts in Ordnung ist. So bringe ich diesem Buch und diesem Menschen Sympathie entgegen, ganz abgesehen von der äußerst effektiven Methode, die ich – im Grunde mit Recht – eher als ein Geschenk Indiens betrachte, als an diesen Yogi gebunden.

Manchmal wundere ich mich, woher ich bei all den Belastungen die Zeit für twenty minutes twice a day nehme. Aber wo ein Wille ist, ist ein Weg, und Morgenstunde hat Gold im Munde. Nachmittags muß ich solange das Telefon ausstöpseln, mancher ärgert sich. Aber ich bin ja erst unterwegs zum „Bhakti"!

Ich erwähnte schon meine Vertrautheit mit dem autogenen Training, auch „Zen" hatte mich interessiert, aber nach kurzen Aufschwüngen fehlte es dann doch an der Motivation, an der „Moral". Diese Dinge verebbten wieder. Die TM-Methode, so erfahre ich, ist einfacher. Sogar ganz vernünftige Leute erkennen das an, wie z. B. Pater Enomiya Lassalle SJ, der schreibt: „Die Mantra-Meditation, auch transzendentale Meditation genannt, ist weit verbreitet und wird von vielen im Westen sehr geschätzt. Sie ist leichter zu vollziehen als die Zen-Meditation, weil sie keine schwierige Körperhaltung vorschreibt und weil sie im Mantra ein Objekt hat".

Ich übe mich also im Transzendentalen, ein Wort, das mir als Wissenschaftlerin in diesen Zusammenhängen zunächst suspekt ist. Aber es meint ganz einfach das „Transzendieren", den Überstieg über Gedanken und Bilder, hinein in jenes ungegenständliche Schweigen, in dem schließlich selbst das Objekt des Mantra verschwindet. Es war vor allem Vehikel der inneren Umkehr, weg von allem Gegenständlichen, wobei auch Gedanken und Gefühle als Gegenstände gelten. Nicht aber Gott, er ist kein Gegenstand. Er ist das alles übersteigende Umfassende, in das wir uns hineintranszendieren sollen, wie ich später lerne, als ich im Kommentar zu dem großen alten Patanjali, dem Begründer des klassischen Yoga, lese: „Die Gegenwart Gottes kann nur in einem Zustand erfahren werden, der frei ist von egozentrischen Tätigkeiten des Geistes und des Körpers. Gott wohnt in dieser ‚Großen Leere': der Raum – die Leere – voll von der Intensität des Seins, in dem Gott west". Vorläufig aber weiß ich nur von Loslösung, zwanzig Minuten – immerhin!

Ich übe wohlgemut, unwissend und ahnungsvoll zugleich. Offenbar bewirkt es Veränderungen. Schon nach drei Wochen sagte eine gute alte Freundin zu mir am Telefon: „Was ist mit Dir? Du klingst verändert, so ruhig und zugleich so frisch – sonst klangst Du in den letzten Monaten immer so erschöpft". Ich gestehe. Sie sagt: „Das will ich auch lernen" und kontaktet mit meiner sanften Initiatorin. Als ich ein Jahr übe, sagt meine (damalige!) Putzfrau: „Ich arbeite gern bei Ihnen, weil Sie eine solche Ruhe ausstrahlen". Kein Wunder, daß ihr das lieb war, denn sie hatte gerade den Lack in meiner Badewanne ruiniert!

Die Belastungen der Universität verkrafte ich nun besser, absolviere in meinem Arbeitszimmer zur gegebenen Zeit meine twenty minutes (man bekommt für die Dauer ein sicheres Gefühl, zumindest während dieser Anfänge, so lange man nicht gar zu tief „transzendiert"). Das kurze Wegtauchen erweist sich wirklich als Kraftquell. Sei es nun durch das zuschauende Laufenlassen der Gedanken, sei es durch die wenigen Minuten absoluter Stille, die dennoch von mir nicht als leer erfahren wird. Auch keine Gotteserfahrung, Gott behüte! Aber doch so etwas wie das nahe Wehen eines Zipfels seines Gewandes. Ich werde fröhlicher und freundlicher.

Auch meine Eltern lassen sich einführen. Die TM-Lehrer haben Mantralisten, die nach dem Lebensalter vergeben werden. Man nennt das „individuell", aber mir scheint das System vernünftig. Doch meine Eltern haben Pech. Sie erhalten das Wort „Rama", so heißt der indische Gott der Barmherzigkeit und Liebe. Sie aber assoziieren unvermeidlich Margarine, die alles verdirbt.

Meine sanfte Initiatorin war inzwischen zu ihrem Yogi Maharishi in die USA geflogen, zu einem Kurs. Von dort schreibt sie mir einen seltsamen Brief: Er habe schon von mir gewußt, ließe fragen, ob ich mit ihm als Professorin arbeiten wolle, er gründe gerade eine eigene Universität in Italien, die Bedingungen für mich so und so: Paradies! Ich denke: „Schade, nun ist dieses nette Mädchen verrückt geworden. Zu viel meditiert?" Und ich antworte nicht.

Wenig später, es ist ein früher Sonntagmorgen, weckt mich das Telefon. Ich nehme den Hörer, vernehme schlaftrunken „Hallo Iowa, hallo, Iowa" – und knalle den Hörer auf! Ziehe auch gleich den Stöpsel heraus. Drehe mich auf die andere Seite und schlafe weiter: eine ganz spezielle Art der Flucht. – Warum? Weil etwas in mir sagte: Hier naht eine unwiderstehliche Versuchung. Der Yogi überredet Dich. Zumindest würdest Du zu einem Gespräch nach Iowa fliegen. Eine Kette von Strapazen und Aufregungen. Nein! Ich brauche nur meine twenty minutes twice a day. An das Yogi-Universitäts-Paradies glaube ich nicht. (Schön wär's!)

Wochen vergehen, dann ein Brief aus den Abbruzzen, nordöstlich von Rom: Man plane im ruhigen Kurort Fiuggi ein Symposium über die „Wissenschaft von der Schöpferischen Intelligenz", so nennt sich die Theorie der TM, die Teilnahme einiger amerikanischer und europäischer Professoren sei schon gesichert – man nannte gute Namen. Ob ich nicht auch einen Vortrag halten wolle, irgendeine Beziehung meines Faches zum Erfahrungswissen der TM?

Das war nun freilich reizvoll. Italien – schließlich bin ich Romanistin, und im März sollte es sein, also vorverlegter Frühling! Zudem war mir wirklich gerade eine fachliche Beziehung aufgefallen: Paul Valéry, der faszinierende „mystique sans Dieu" mit seinen morgendlichen Meditationen, deren Erfahrungen er in seinen noch immer nicht recht bekannten und erschlossenen Tagebüchern festhielt. Also schluckte ich den Köder und sagte zu.

Zwei amerikanische Studenten holten mich vom Flughafen Fiumicino ab, herzlich und vergnügt. Während der etwa zweistündigen Fahrt über die Autobahn erzählen sie von „Maharishi", sie benutzen diesen nicht anspruchslosen Titel wie einen einfachen Vornamen, so, als sagten sie Peter oder William. Wäre mein Gehör nur mehr ans Amerikanische gewöhnt! Immerhin, ich fand heraus, daß man den Yogi „Holiness" nenne, was aber nicht mehr (und nicht weniger) bedeute als die Anrede „Hochwürden" für katholische Geistliche – er sei ja auch ein ganz und gar geistlicher Mensch. Und es würde gut sein, ihm zur Begrüßung Blumen zu überreichen. Das schien mir plausibel, und ich erstand gleich nach meiner Ankunft in Fiuggi ein paar gelbe und blaue Iris, die ich – Licht und Himmel – für passend hielt.

Am Abend um 19 Uhr fand ich mich verabredungsgemäß in der Hotelhalle ein, sie war voller wartender Menschen, die sich zu einem Spalier formiert hatten, das vom Fahrstuhl zum Ausgang reichte. Ich stellte mich dazu und rekapitulierte die für die Begegnung vorbereiteten Worte, die ich mir etwa nach dem Tenor „Hi! Nice to see You!" ausgedacht hatte. Aber es kam ganz anders.

Auf einmal wurde es still. Die Fahrstuhltür hatte sich geöffnet, eine kleine weiße Gestalt kam heraus, verharrte einen Augenblick – niemand sprach – und ging, nein, schwebte direkt auf mich zu, die ich fremd und eingeklemmt im Spalier stand. Dann, unmittelbar vor mir, das leichte Wehen weißer Seide, das dunkle Strahlen zweier auf mich gerichteter Augen – Sternennacht – und ein tiefes leises Gurren, das zu mir sagt: „I have so long waited for You". Ich stammle Unsägliches hinab zu den Sternen, werde irgendwie meine Iris los, und eine kleine braune Hand streckt sich mir entgegen und überreicht mir eine Rose. Ich denke, nein ich fühle nur noch: Weltenrose – und halte sie einen Augenblick, dankbar. Dann will ich sie zurückreichen, wie käme mir eine Rose zu aus Fernen von Sternen? Um mich herum leises Lachen, aber das dunkle Strahlen schaut mich tiefernst an, wieder das leise Gurren: „No, that's for You!"

Und weiter schwebt die weiße Seide. Waited! Ich blicke auf meine Weltenrose, Zauberrose.

Am nächsten Morgen erwache ich zu einer neuen Welt. Denke zurück an die Nacht, die schön war. Im weißen Auto fuhr ich mit der weißen Seide zum Vortragssaal, die Straßenränder gesäumt von fröhlich und ehrfürchtig grüßenden Studenten, auch deutschen. Ja, gibt's denn das? Achtung, Zuneigung, Verehrung! Richtig junge Menschen ohne Provokation und ohne Gammellook in einer milden italienischen Nacht. Huldigung duftete durch die geöffneten Autofenster, ich fühlte mich neben der weißen Seide wie beim Papst. Dann das Betreten des Vortragssaals. Gut 2000 Studenten erhoben sich wie ein Mann, als der nackte braune Fuß im Sandalettchen die Schwelle überschritt. Ich dachte nur ganz kurz an die hingeflegelten und weiterschwatzenden Studiosi, wenn wir bei uns in den Hörsaal kommen.

Auf der Bühne waren für die Professoren blumengeschmückte Tische aufgestellt, das Symposium konnte beginnen. Meine Kollegen aus England und den USA nickten mir freundlich zu, die meisten schon mit der hiesigen Atmosphäre vertraut. Überhaupt schien die TM eine Angelegenheit von Akademikern zu sein. Die Vorträge waren mit amerikanischer Lockerheit gesprochen. Humor blitzte auf, die Themen waren ungewöhnlich und fesselnd: „Platons Lautphilosophie und indische Mantralehre", „Die Veränderungen der Hirnströme bei Tiefenentspannungen", „Ruhe des Geistes und physikalischer Nullpunkt des Weltalls". Und ich: „Die Erfahrung des Schöpferischen bei Paul Valéry und in Maharishis TM". Als ich fertig war, sagte er bewegt: „Ich glaube, Sie haben das für mich gemacht". Natürlich, für wen denn sonst?

Diskussion dann. Ein Student fragt: „Maharishi, was ist Gottesliebe?" Er schaut einen Augenblick ganz still, sagt dann: „Du fühlst eine grenzenlose Zärtlichkeit, du fließt innerlich über, möchtest diese überwältigende Zärtlichkeit weitergeben an andere Menschen, du bist unermüdlich in deiner Liebe zu ihnen". Ich denke: Jesus Christus ...

In der Nacht schlief ich fest und ruhig. Nun bin ich wach, ausgeruht, voller Tatendrang. Aber auch skeptisch: War das alles Wissenschaft, was wir da gestern abend von uns gaben? Und, so schön es ist: in Hamburg braucht man mich wohl mehr als in diesem Wunderland. So bin ich gewappnet für das erwartete Gespräch. Aber niemand fragt nach mir. Der große Yogi läßt mich schmoren. Ich mache innere Inventur. Überblicke und prüfe mein Leben, als gelte es zu sterben. Stelle die Sinnfrage, sehe viel Unsinn, sehe alle Unzulänglichkeit, bin am dritten Tag in Tränen aufgelöst und windelweich, als der Ruf zur „Audienz" kommt.

Die Tür, die man mir öffnet, führt mich in einen halb verdunkelten Raum. Der Yogi hat heute „eigentlich" seinen Schweigetag, offenbar kommt er, im Lotussitz auf einem niedrigen Sofa, gerade aus tiefer Meditation. Neben dem Sofa sehe ich die Sandalettchen stehen, die nackten Füße sind keusch vom Saum des seidenen Doti verhüllt. Aber im oberen Teil sehe ich unter der weißen Seide viel goldbraune Haut. Der Yogi bedeutet mir mit einer Geste, daß ich mich setzen möge. Nun schweigen wir beide. So vergeht eine Viertelstunde, oder eine Ewigkeit oder ein Augenblick. Dann plötzlich das leise Gurren, der Yogi fragt nach mir und meinen Plänen.

Ich werde schnell unbefangen, sage, daß man mich in Hamburg braucht, sage, er wisse ja gar nicht, ob ich für ihn taugen würde – übergehe sein „but I know" –, sage, ich könne ja trotz allem weiter für ihn Vorträge halten. Und bei alledem spüre ich: ich mag diesen lebendig-ruhigen Menschen, mag diese hellbraune Haut, mag dieses gelassene, aber gar nicht arrogante Schweigen. Und am Ende scheint es nicht mehr darum zu gehen, ob ich mich abwerben lasse oder nicht. Der Raum ist erfüllt von einer unsagbaren Gegenwart, von einer Wesentlichkeit, die nicht zu überbieten ist. Mein Leben, sein Leben – egal, das Schweigen füllt sich. Da sagt er: „Sie müssen ein anderes Mantra haben, eine andere Technik."

Eine erfahrene TM-Expertin wird geholt, eine Mitarbeiterin „der ersten Stunde", und wieder läuft das Ritual ab, der ruhige Singsang, den ich schon kenne. (Später höre ich, daß er „Puja" heißt, eine Art „Hindumesse" und ich werde dann staunen, wie all die jungen Menschen seitenlang Sanskrit auswendig lernen.) Dann geht die Sängerin, und ich bekomme flüsternd vom Meister mein neues Mantra gesagt. Dazu technische Anweisungen und der Befehl, es jetzt mit ihm zusammen schweigend zu üben. Was tat sich in dieser Viertelstunde? Nichts, gar nichts Ungewöhnliches. Vielleicht war ich ein wenig verlegen, ein wenig nervös – wann wird einem denn sonst so ins Innere gelugt? Aber es war nicht unangenehm – nur meinte ich, ganz miserabel meditiert zu haben. Dann kam sein Wort, ich möge draußen, im Nebenzimmer, noch eine halbe Stunde allein weitermeditieren. Ich verlasse erleichtert den Raum, setze mich hin – und habe mein neues Mantra vergessen! Das ich soeben 15 Minuten lang im Herzen bewegt hatte. Tief beschämt gehe ich hinauf auf mein Zimmer, das Mantra bleibt verschwunden. Am folgenden Morgen gestehe ich's Maharishi. Er lächelt: „Sehen Sie, wie tief Sie transzendiert haben? Das Mantra ist ganz in der Tiefe verschwunden". Und er sagt es mir noch einmal.

Nun behalte ich es. Ich spüre, wie eine ganz andere Kraft in meine Meditation kommt, ich bewege mich jetzt gewissermaßen in einer anderen Sphäre. Am nächsten Tag fragt mich der Meister: „Fühlen Sie die Wärme in der Herzgegend?" „Nein", antworte ich wahrheitsgemäß, aber er scheint zufrieden, als ich hinzufüge: „aber da ist ein Licht, es ist wie ein Stern".

Am Abend kommt ein junger Deutscher: Maharishi ließe bitten, ich möge mit den anderen Deutschen feiern, mich freuen – wir alle sind in meinem Hotel zum Essen eingeladen. Ich bin begeistert, finde alle lieb und nett, bestelle Gutes und frage nach dem Weinangebot. Sofort Entsetzen bei der Mehrzahl der jungen Gäste. Doch kein Alkohol! Und das, nachdem Maharishi selbst mich einführte, selbst das Mantra gab! Ich sage: „Wieso denn? Wir sind doch Christen. Und für Christen gehört zum Fest der Wein!“ Nur einer, der Erfahrenste und Reifste lächelt, stimmt mir zu, trinkt mit mir. Sonst bin ich in meiner geselligen Runde allein.

Bald merke ich: Und auch kein Fleisch, Hindu-Sitten. Aber der große Yogi ist weitherzig. Er bestellt für seine gelehrten Symposiumgäste gebratene Hähnchen, und immer liegen gekochte Eier bereit. Die Gastfreundschaft ist grenzenlos.

Und überhaupt die Freundlichkeit dieses Yogi, den ich nun innerlich auch schon manchmal „Meister“ nenne, einfach, weil ich ihn als solchen erfahre. Seine unermüdliche Hilfsbereitschaft. Ständig ist er haufenweise von Menschen umgeben, die etwas von ihm wollen, Rat und Hilfe suchen oder einfach seine Nähe. Selbst nachts dringen sie noch in sein Schlafzimmer ein – werden eingelassen! – sitzen zu fünft oder sechst an seinem Bett, tragen ihre Probleme vor oder „tanken“ schweigend. Kein Wunder, daß dieser Yogi manchmal tiefdunkle Ringe unter den Augen hat! Sein persönliches Leben ist ganz schlicht, unabhängig von der Hotelklasse, die er für seine Leute gemietet hat, unabhängig vom Auto, das meist dieser oder jener vermögende Anhänger schenkte. Es ist, als beherzige er das Wort des Apostels Paulus: „zu haben, als hätte man nicht“. Das ist wichtig, denn ohne diese innere Freiheit wäre er kein Meister des Yoga.

Überrascht spüre ich immer wieder, wenn ich in seiner Nähe stehe oder sitze: Unmöglich, jetzt auch nur einen einzigen bösen Gedanken zu denken! So etwas wie ein leises Wehen geht von ihm aus, das alles Ungute fernhält. Weht nicht auch der Heilige Geist, wo er will?

Aus dem Munde Maharishis hörte ich zum ersten Male den Weg beschrieben, auf den mir alles ankam: „Der Weg zum Gottesbewußtsein ist ein Weg der Hingabe und Liebe. Das Herz kennt keine Begründungen. Es liegt in der Natur der Liebe, daß sie vereint. Das Herz vereint, was unvereinbar ist, den absoluten und den relativen Wert des Lebens, das unmanifeste Selbst und das manifeste Nichtselbst" (Tonkassette 1973).

Ich übersetzte mir das ins Christliche: Nichtselbst ist mein egozentrisches Ich, der alte Adam, das Selbst aber ist „Christus in mir", wie der Apostel Paulus sagt. „Der Geist", fährt Maharishi fort, „braucht die Hilfe des Herzens. Es entdeckt die verborgenen Werte des Seins und schwillt in Liebe, es macht die Widerstände dahinschmelzen, und während sich der Geist im Unendlichen erstreckt, macht es das Gute lebendig. Jenseits des Bewußtseins vollbringt das Herz das Wunder der Einswerdung" (Tonkassette wie oben).

Als ich schließlich wieder nach Hamburg zurückfahre – schließlich ist hier mein Platz, braucht man mich hier – staune ich, wie viel Schwung ich für den Uni-Betrieb mitgebracht habe. Weiter übe ich meine twenty minutes twice a day, mit dem neuen Mantra werden es manchmal auch „thirty", denn die Versenkung wurde tiefer.

Stärker als zuvor ist in mir die religiöse Seite berührt. Ich nehme mein Mantra mit in die Kirche, halte es Christus hin: möge er es annehmen, mit sich erfüllen! Die Monate vergehen, und das Christliche in mir verlebendigt sich. Sowohl vom Gefühl wie vom Verstehen her, hilfreich sind auch starke innere Bilder. Es scheint keine Probleme zu geben.

Karma – Frucht des Handelns

Immer häufiger kamen nun die Einladungen zu Symposien, immer lieber kam ich ihnen nach. Zum einen, weil mir die geistige Größe des kleinen Mannes in weißer Seide jedesmal deutlicher wurde, zum anderen, weil ich etwas verstanden hatte von Möglichkeiten des menschlichen Bewußtseins, die ich gern tiefer erfahren und leben wollte. Im Grunde hatte ich es selbst schon in meinem ersten Vortrag mit diesem seltsamen Vergleich zwischen Paul Valéry und Maharishis TM gesagt: Paul Valéry hatte erfahren, und das war ihm zunächst unheimlich, daß der Geist den Geist betrachten kann. Er entdeckte damit, daß es so etwas gibt wie den „Geist des Geistes" oder, wie er sagte, ein reines Ich, ein eigenschaftsloses „Moi pur". Valéry siedelte es an in dem Bereich, den er die reine Intelligenz nannte und die für ihn Quellpunkt aller schöpferischen Tätigkeit des Menschen war. Er nannte dieses Eigenschaftslose „meine Null, meine unantastbare, reine Möglichkeit". Und er suchte in seinen morgendlichen Meditationen diese reine Möglichkeit in einem Zustand der absence, der Abwesenheit zu erreichen. Sie ist nach seiner Erfahrung verbunden mit einem Maximum an Freiheit. Diese Freiheit ermöglicht eine Neuorientierung im Bezugssystem des Werkes, vor allem aber bewirkt sie eine Wahrnehmungsveränderung. Man sieht nicht nur die Dinge neu. „Das Nahe", so sagt Valéry, „wird in die Unendlichkeit hinein verändert." („Londonbridge" in „Tel Quel")

Das Nahe und das Unendliche, das Begrenzte und das Unbegrenzte, das Relative und das Absolute, das Erfahrbare und das Unerfahrbare sind die Pole, zwischen denen das Denken Valérys pendelt. Das hatte mich auf den Gedanken gebracht, ihn mit Maharishi zu vergleichen, der sagte, daß erst das Relative und das Absolute zusammen die ganze Wahrheit des Lebens ausmachen.

Fragte ich nun aber theoretisch nach dem Wesen dieses Absoluten und Relativen, so stieß ich auf ganz neue indische Begriffe, hinter denen ein faszinierendes Denksystem stand. Ich entdeckte die hinduistisch verstandenen Wirklichkeiten des Seins und des Karma. Dabei begegnete ich im Kreise des Meisters dem Begriff Karma sehr viel häufiger als dem des Seins, was sich aus der Erfahrbarkeit des Karma und der Unerfahrbarkeit des Seins leicht erklärt. Doch hängen beide zusammen, wie Maharishi selbst in seinem schon zitierten und noch in Indien geschriebenen Buch dargelegt hatte. Er übersetzt darin „Karma" einfach als Handlung oder Aktivität und erklärt, daß das Sein als ein Absolutes unmanifestiert ist, während Karma als das Instrument anzusehen sei, durch das der Kreislauf der Entstehung, Entwicklung und Auflösung ständig in Bewegung gehalten wird. Insofern ist Karma in seiner Zielrichtung dem Zustand des Seins entgegengesetzt und wird jeder Prozeß, der Karma beendet, in den Zustand des Seins münden. Das reine Sein ist, so sagt Maharishi, also unmanifest und transzendent.

Ich erkannte hier den Ursprung des Ausdrucks „Transzendentale Meditation". Man will damit offensichtlich den Bereich der Erfahrung überschreiten, um hineinzutranszendieren, hinüberzutranszendieren in dieses absolute Feld des Seins. Denn dieses Sein ist der Urgrund allen relativen Lebens, und es ist, so sagt Maharishi, dem menschlichen Geiste möglich, einen Zustand reinen Bewußtseins zu erreichen – was mich an Paul Valérys reine Intelligenz erinnerte –, welches, so sagt Maharishi, „die Quelle allen Denkens ist." Durch ein meditierendes (sich mit dem Mantra versenkendes) Zurückgehen an die Wurzel des Denkens ist es also möglich, aus der Quelle absoluten Seins zu schöpfen. Ist alles Relative losgelassen, so wird es möglich, die Natur des Seins zu erfahren, die sich offenbart als „absolutes Seligkeitsbewußtsein".

Auf dieses Seligkeitsbewußtsein nun legt Meister Maharishi größten Wert. Ohne die Kenntnis der Grundlage des Seins, nämlich ohne Kenntnis des absoluten Seligkeitsbewußtseins, „ist das Leben wie ein Haus ohne Grundstein. Alles relative Leben, ohne die bewußte Basis des Seins, ist wie ein Schiff ohne Ruder, den Wellen des Meeres preisgegeben. Es ist wie ein trockenes Blatt auf dem Boden, dem Winde überlassen, ziellos umhertreibend. Ohne die Verwirklichung des Seins ist das Leben des Individuums ohne Grundlage, bedeutungslos und fruchtlos." Und dann folgt ein Satz, der uns aus der christlichen Tradition Kommenden das Wesen dieses Seins näherbringt: „Das Sein ist die Grundlage des Lebens, die ihm Bedeutung verleiht und es fruchtbar werden läßt. Das Sein ist die lebendige Gegenwart Gottes, die Wirklichkeit des Lebens. Es ist die ewige Wahrheit; es ist das Absolute in ewiger Freiheit."

So wurde mir auch verständlich, daß Maharishi eine stufenweise Annäherung des Bewußtseins an dieses „absolute Sein" versprach – Stufen, die er als kosmisches Bewußtsein, als Gottesbewußtsein und Einheitsbewußtsein bezeichnete. Das Einheitsbewußtsein erst ist die indische Weise der endgültigen Unio Mystica. Es wird als ein individualitäts-auflösendes Einswerden mit dem „Urgrund" oder „Sein" beschrieben. Mich interessierte am meisten das Gottesbewußtsein, aber häufiger begegnete ich in Maharishis Reden dem Begriff des Kosmischen, der erst verständlich wurde, wenn man das Kosmische als Schöpfung erkannte, die im Verhältnis zum Sein ein Relatives, aber doch mit ihm Zusammenhängendes war. Kosmisches Bewußtsein, sozusagen die erste Stufe zur wahren Menschwerdung, hieß, daß man in der Begrenztheit des menschlichen Lebens meditativ etwas von der unbegrenzten Freiheit des reinen Seins erfahren hatte und das im Handeln ausdrükken konnte. Dadurch bekam dann das Handeln eine ganz andere Effektivität, dadurch verbesserte sich alles im relativen Bereich, wie etwa die psychische Verfassung, die Gesundheit, die Haltung anderen Menschen gegenüber: alles kam erst so ins rechte Gleichgewicht. Dieser Zusammenhang nun aber zwischen Absolutem und Relativem, zwischen Sein und Handeln, erforderte den zentralen Begriff des Karma, der im Hinduismus keineswegs so einfach zu fassen ist, wie ich zuerst meinte.

Denn Karma, so dachte ich, ist jener im Grunde unheilvolle Kreislauf der Geburten, aus dem herauszukommen das ganze Streben des Erfüllung suchenden Menschen sein muß. Karma ist ein strenges, unerbittliches und unpersönliches Gesetz von Ursache und Wirkung – die Taten vergangener Leben (wenn man an die Reinkarnation glaubt) wirken sich im gegenwärtigen Leben positiv und negativ aus. Für mich hatte dieses Denken den großen Vorteil einer einsehbaren Gerechtigkeit, demgegenüber die christliche Balance zwischen Gerechtigkeit und Barmherzigkeit mir schwieriger schien. Aber nur theoretisch; praktisch blieb mir der Karma-Gedanke eher Symbol und Ausdruck des Fremden, des Nichtchristlichen, das in Maharishis Bewegung auf mich zukam.

Und das in sehr verschiedener Weise: So begegnete ich beim Meister der Überzeugung: Leidvoll ist die relative Existenz, beseligend das absolute Sein. Darum soll die Übung der Meditation helfen, die Karma-Kreisläufe, das Leidvolle also, zu überschreiten, um zum Seligkeitsbewußtsein zu gelangen. Andererseits sah ich bald, daß es ihm weniger darum zu gehen schien, uns ins Ewige zu katapultieren – das wäre wohl auch nach Ansicht des Hinduismus keine Angelegenheit der Massen, die Maharishi doch ansprechen wollte, sondern daß er sich bemühte, das gegenwärtige Leben sowohl des Einzelnen wie auch der ganzen Menschheit zu verbessern.

Maharishi begegnet dem Gesetz des Handelns, als welches er das Karma bezeichnet, durch ein Geschick des Handelns, das seiner Auffassung nach bewirkt, daß die Macht des Seins mittels des Geistes in das Feld des Karma eindringt. Das ist mit anderen Worten die Transzendentale Meditation. Sie läßt „die Aktivität in allen Ebenen aufleuchten und hält dennoch den Geist frei von der Gebundenheit durch das Karma. Diese Freiheit des Geistes ist eine Folge seiner Festigung im ewigen Seligkeitsbewußtsein. Wie Kerzenschimmer im hellen Sonnenlicht seine relative Bedeutung verliert, so verlieren im ewigen Lichte des Absoluten die relativen Lebensfreuden ihre beherrschende Macht über den Geist. Auf diese Weise wird der Geist durch die Erfahrung des ewigen Seins von der fesselnden Wirkung des Karma befreit. Geschick im Handeln verlangt, daß man die Aktivität zunächst bis zum Nullpunkt reduziert, und daß sie dann von diesem Punkt aus begonnen wird."

Das erinnert mich wieder an Valérys „zero" (Null), nur daß Maharishi in diesem Zusammenhang das alte indische Gleichnis bringt vom Zurückziehen des Pfeils, der erst seine volle Wirksamkeit für den Abschuß erreicht, wenn man ihn so weit zurückgezogen hat, wie es nur geht, daß heißt, bis ein Zustand ohne Aktivität erreicht ist. Geschick im Handeln ist also eine Frage des Zurückziehens und Loslassens. Dabei, das ist klar, da der Mensch ja weiterlebt, wird das relative Sein nicht verlassen, sondern es wird die Fähigkeit erreicht, es dem Absoluten zu verbinden, so daß, „obwohl die Natur des Karma und die Natur des Seins einander entgegengesetzt sind, (...) es dem Menschen möglich ist, im Feld der Tätigkeiten zu leben und gleichzeitig ein Leben ewiger Freiheit im Seligkeitsbewußtsein des absoluten Seins zu führen." Das waren nun freilich große Verheißungen, aber sie schienen mir nicht ganz fremd, mußte doch auch im Christlichen das Loslassen geübt werden und ergänzen sich vita contemplativa und vita activa. Allerdings hatte ich mir das bisher als einen mit der Zeit immer leichter werdenden Wechsel vorgestellt, nicht als eine (unseren Mystikern, aber nicht mir bekannte)

Gleichzeitigkeit. Das war neu und höchst faszinierend für mich.

Zugleich sah ich an den jungen Studenten, die bei Maharishi lebten, tatsächlich große Veränderungen in ihrer „relativen Existenz" vor sich gehen. Strahlend erzählten mir einige, „wir haben jetzt unser schlechtes Karma abgebaut!" Und bald verstand ich, was damit gemeint war: Sie waren drogenabhängig, alkoholsüchtig gewesen, geheilt durch die TM und Maharishis Erziehungskunst, der die Schwächsten unter ihnen mit Aufgaben versah und bei sich behielt. So verstand ich leicht ihre Dankbarkeit und die Ausschließlichkeit ihres Einsatzes, verstand auch, daß ihre pastellfarbene Begeisterung gar nicht so fern von der roten Grimmigkeit an unseren Universitäten war. Sie hatten auf eine individuelle, persönlichkeitsgerechte Weise ihren neuen Weg gefunden. Was auch amerikanische Statistiken bestätigten, die eine Heilungsrate von Drogen- und Alkoholsucht durch Transzendentale Meditation auf 50 bis 80 Prozent bezifferten. Deshalb wurde auch diese Technik von einigen Ländern wie etwa den USA, Kanada, Schweden, Abessinien, offiziell gefördert.

Natürlich fiel auch meinen geladenen Kollegen die einmalige Atmosphäre in Maharishis Umgebung auf. Professor Dr. Hans Schäfer, der bekannte Neurophysiologe aus Freiburg, sagte ihm in meiner Gegenwart spontan: „Ich verstehe zwar nichts von Meditation, aber ich habe seit Jahren nicht mehr eine so fröhliche, höfliche und aufgeschlossene Jugend erlebt wie hier bei Ihnen!" Für Maharishi war diese Fröhlichkeit teils auf das gute Karma zurückzuführen, das diese jungen Menschen aus früheren Leben mitbrachten, mehr aber noch auf das mögliche Entgegenwirken durch die Übung der Transzendentalen Meditation, und das war für den Meister natürlich der wichtigere Teil, den er ja lehren und der Welt als Heil bringen wollte.

Man konnte also den Einfluß des Karma durch gegenwärtige gute Handlungen verändern. Maharishi gebrauchte dafür das Beispiel eines Geschäftsmannes, der 5000 Mark verloren hat, ein Verlust für alle Zeit. Das ist das schlechte Karma. Gewinnt er aber am nächsten Tag 20000 Mark, so wird der Verlust vom Gewinn übertroffen. Das ist das gute Handeln im jetzigen Leben, zu welchem guten Handeln vor allem die regelmäßige Übung der Transzendentalen Meditation gehört, die dem negativen Einfluß vergangenen Karmas begegnet. Durch diese verwandelnde Begegnung kann dann eine gute Handlung ohne Widerstand ausgeführt werden. „Auf diese Weise wird durch die Macht des gegenwärtigen Handelns über das Karma das Schicksal unter Kontrolle gebracht." Nicht recht wohl war mir bei seinen Hinweisen auf den „Erfolg" rechten Handelns. Führte das nicht zu einem gar zu vordergründigen Leistungsdenken?

Die Überwindung des Karma war für Maharishi also nicht eine absolute Erlösungslehre, die auf ein seliges Jenseits zielte. Ihm ging es zunächst um Hilfe für die heutigen Menschen, ja für die ganze Welt, und darin lag für mein Gefühl wieder die Schwierigkeit. Denn hier gab es keinen Ashram mit einem Guru, der die einzelnen (wenigen!) auf diesen Weg Gerufenen betreute, sondern hier gab es eine Methode für alle und jeden, die selbsttätig, „automatisch" (!) die Werte des heutigen Lebens verbessern sollte. Dabei ging es um das Ganze, um die Vermeidung von Kriegen, um Abbau der Rüstung und jener Raketenbasen, die der Yogi in seinen Visionen von Rußland aus vor allem auf die Bundesrepublik gerichtet sah – wie er uns damals sagte. Und vor allem ging es um eine glückliche Menschheit.

So übertrieben Maharishis Verheißungen mir auch klangen – „die Schaffung einer idealen Gesellschaft ist jetzt nicht nur möglich, sie ist unvermeidlich" – konnte ich andererseits dahinter die gute Absicht nicht übersehen, konnte erkennen, wie hinter dem säkularisierten Karma-Denken Güte und Menschenliebe standen.

Anders freilich, so erfuhr ich bitter am eigenen Leibe, das Karma-Verständnis der Europäer. Bei einem Besuch in Arosa erkrankte ich an einer schweren Virusgrippe, die meine Lunge hochfiebrig ergriff. Maharishi sandte mir in mein Hotel garni einen seiner jungen Ärzte, einen Deutschen. Dieser untersuchte, diagnostizierte, versprach Medikamente und Nahrung und ließ mich unbehandelt liegen. Als ich am Abend des nächsten Tages mit schwachen Kräften eine telefonische Verbindung hergestellt hatte, vernahm ich: Der Arzt hat heute Geburtstag, er feiert und kann nicht kommen. Und im übrigen hat er gesagt, diese meine Krankheit ließe auf ein so schlechtes Karma schließen, daß es besser für mich sei zu sterben, um zu neuem Leben wiedergeboren zu werden!

Nun, bis dahin hatte es noch eine Weile, denn ich gesundete wieder, aber ich war hier dem oft grausamen evolutiven Karma-Begriff begegnet, der sich so grundsätzlich vom hinduistischen unterscheidet, denn er wird als Heilsweg verstanden. Er diffamiert dabei Kranke, Behinderte, von Armut und Unglück Heimgesuchte als

Kriminelle! Suspekt war mir auch der in TM-Broschüren gepriesene Zusammenhang zwischen Meditation und Gesundheit. Wußte man nicht, daß die beiden größten Heiligen des modernen Yoga, Ramakrishna und Ramana Maharshi am Krebs gestorben waren? Inmitten allen „Transzendierens"?

Laut Umfragen der Meinungsforschung glaubt heute jeder vierte Europäer an Reinkarnation – Lessing, Goethe waren „Vorreiter", Rudolf Steiner schließlich brachte eine Lehre, nach der „jedes Individuum eine ganze sich entwickelnde Gattung umfaßt" (H. J. Ruppert). Maharishi aber wollte das Karma überwinden, sei es nun für immer oder zumindest in diesem Leben. Viele seiner Jünger jedoch sahen Karma als einen Weg an, auf dem sie immer neue und bessere Inkarnationen erstrebten. Im Grunde also ein transzendenzloses Denken, wie es in Europa vor allem seit dem 19. Jahrhundert entwickelt wurde.

Mich selbst hatte der Reinkarnationsgedanke nie besonders interessiert. Ich meinte, wenn man sich doch nicht daran erinnern könne, sei es gleichgültig, ob man im früheren Leben ein Dichter oder eine Ameise war und umgekehrt. Denn das besondere echte oder vermeintliche Erinnerungsvermögen der großen Yogis war doch dem Durchschnitts-Sterblichen und damit auch dem Durchschnitts-TM-Treibenden nicht möglich. Vor allem aber dachte und fragte ich: Wozu ist denn Christus gestorben, wenn wir uns durch unser Handeln oder Nichthandeln erlösen können? So stand ich gerade diesem zentralen Begriff des TM-Umfeldes recht fern und skeptisch gegenüber.

Auch der 1972 ganz groß verkündete „Weltplan" ließ

mich kalt, weil er mir zu utopisch und reißerisch klang. Dabei ahnte ich nicht, daß das erst ein Anfang war! Er verfolgte ein Programm mit sieben Zielen, die so formuliert wurden:

1. Das volle Potential des Individuums zu entfalten.
2. Die Leistungen der Regierung zu verbessern.
3. Das höchste Ziel von Bildung und Erziehung zu verwirklichen.
4. Die uralten Probleme des Verbrechens und allen Verhaltens, das der Menschheit Unglück bringt, zu beseitigen.
5. Die Umwelt in höchstem Maße intelligent zu nutzen.
6. Den wirtschaftlichen Bestrebungen des Einzelnen und der Gesellschaft Erfüllung zu bringen.
7. Die geistigen Ziele der Menschheit in dieser Generation zu erreichen.

Also Wohlleben und geistige Höhen – war das nicht eine gar zu weltliche Sprache für die ursprünglich gemeinte Einheit von relativem und absolutem Sein?

Gnade west-östlich

So „karmisch“ und fremd mir oft die Jünger des Meisters vorkamen, so vertraut wurde er mir selbst, trotz der Übertreibungen und Unverständlichkeiten. Wie oft vernahm ich sein verheißungsvolles „come, come!“, das immer meisterliche Hilfe auf dem Weg ruhevollen Transzendierens bedeutete. Das lag an seinem Wesen, an seiner inneren Formung, die Weisheit und Liebe verbreitete und Gnade als natürliche Gabe kannte.

Ich freute mich, als ich den Abdruck einer Fernseh-Diskussion erhielt, die BBC im Jahre 1968 mit Maharishi und dem christlichen „Abt von Downside“ durchgeführt hatte. Darin sagte Maharishi: „Das ist Gottes barmherzige, allmächtige Natur, daß er seine Gnade im vollsten Maße in das Herz eines jeden Menschen gelegt hat. Und er hat den Menschen untrennbar von seiner Gnade gemacht. Der Mensch muß nur beginnen, hineinzutauchen und dann wirklich anfangen, die Gnade Gottes durch alles und jedes zu leben.“ Das Hineintauchen geschieht natürlich durch die Meditation, und Maharishi betont in diesem Gespräch dann auch die notwendige Gnade der Anstrengungslosigkeit: „Wenn wir den subtilsten Zustand des Gedankens erfahren, wird die Anstrengung immer geringer und geringer und geringer – und dann keine Anstrengung, überhaupt keine Anstrengung. Deshalb sagt man, daß wir die Verwirklichung Gottes nicht durch unsere Anstrengung erlangen, sondern aus der Gnade, die den Geist mit jedem Schritt zu größerem Glück zieht."

Das ist ein sehr anderer Gnadenbegriff als der christliche, denn diese „Gnade" kommt automatisch! Zugleich war es wieder eine kleine Rede über die Transzendentale Meditation. Ich erfuhr persönlich oft genug, daß der Meister kein richtender karmischer Fanatiker war. Als ich zum Beispiel nach überstandener Krankheit blaß und angeschlagen in seiner Abend-Vorlesung auftauchte, warf er immer wieder einen Blick auf mich, obwohl er gefilmt wurde, da der Vortrag für eine Veranstaltung in den USA gedacht war. Und etwa nach einer Stunde geschah etwas Seltsames: Sein sonst so klares Englisch wurde auf einmal unverständlich. Ich lauschte einem Satz hinterdrein, der keinen Sinn hatte, und während ich so lauschte, kam blitzartig das Verstehen: Der Meister hatte mitten in einen Satz über die Geschichte Chicagos ein Wort an mich eingeflochten, und dieses Wort hieß „go and rest" (geh schlafen, ruh dich aus!). Das konnte natürlich die Geschichte Chicagos nicht verständlicher machen!

Lieb waren mir auch die praktischen Lebensweisheiten, die scheinbar so ganz nebenbei von seinen Lippen kamen, wie etwa: „Man sollte immer Hoffnung bringen und so wenig Entmutigung wie möglich." Ein Satz, der mir im Leben immer wieder geholfen hat, zumal ich auch sah, wie der Meister sich selbst daran hielt, ebenso wie an folgende seiner Maximen: „Spricht man abfällig über einen anderen, bedeutet dies, daß dessen Sünden auch in den eigenen Geist hineinkommen und dort einen tiefen Eindruck schaffen, und zwar umso tiefer, je öfter man davon spricht." Sehr christlich klang: „Die stille Kraft der Liebe kennt keine Grenzen", und sehr verpflichtend und – wie ich bald sehen sollte – von Maharishi absolut ernstgenommen folgendes Wort: „Wenn Gott uns die Fähigkeit schenkt, den Frieden zu entfalten und zu verbreiten, und wir tun es nicht, dann sind wir verantwortlich dafür, daß Kriege fortdauern."

Ich freute mich immer, wenn ich in meinen Vorträgen, die ich bald in vier Sprachen riskierte, damit sie video-gefilmt in alle Welt verschickt werden konnten, vom Christentum zu sprechen Gelegenheit hatte. Denn ich spürte, wie aufmerksam der Meister gerade an diesen Stellen lauschte und wie er von manchem berührt war. Diese Aufmerksamkeit hatte auch eine betrübliche Seite, denn ich bemerkte bald, daß in seiner Umgebung, wie vielleicht überhaupt in der TM, nur wenige aktive Christen sich engagiert hatten. Das war besonders bei den Jungen deutlich, die lieber Unterricht in Hinduismus als in Christentum verlangten, obwohl es Ausnahmen gab. Gelegentlich erzählte mir ein junger Mann oder ein junges Mädchen eine immer wieder ähnliche Geschichte, die lautete: „Ich bin völlig atheistisch aufgewachsen, meine Eltern haben mich zwar taufen lassen, aber eine christliche Erziehung habe ich in keiner Weise kennengelernt, und ich war überhaupt religiös sehr gleichgültig. Das änderte sich dann durch die Praxis der Transzendentalen Meditation. Der tiefe innere Friede, die Unendlichkeitserfahrung erweckten in mir ganz neue Bereiche, und", so sagten mir dann einige, „auf diesem Wege bin ich Christus begegnet. Die Begegnung hat mich weitergeführt, ich habe die Heilige Schrift genommen, und heute bekenne ich mich zum Christentum." (Meist kam dann der Zusatz: „Wenn auch nicht zur Kirche.")

Immerhin war damit eigentlich Maharishis ursprünglich geäußerte Meinung bestätigt, es gehe bei der TM keineswegs darum, eine bestimmte Religion (die seine!) zu verbreiten oder zu bestätigen, sondern daß in allen Kulturen jeder Gläubige in seiner Religiosität, in seinem Glauben gestärkt und gefestigt werden soll durch die Tiefenerfahrung, die je nach Einstellung und Möglichkeit über die transzendierende „Grenzenlosigkeit" hinaus bis zu religiös und konfessionell verschieden „gefärbten" Gotteserfahrungen führen konnte und sollte. Die Mehrzahl der TM-Anhänger freilich war sehr an hinduistischer Lehre interessiert, zumal diese im Vergleich zum Christentum freundlicher, positiver, weniger fordernd klang, zumindest wenn man sie nur oberflächlich kannte.

Es gab aber auch sehr bewußte Christen, Geistliche, Mönche verschiedener Orden, die verstanden, was sie durch die Übung der Transzendentalen Meditation gewinnen konnten. Zu ihnen gehörte der Abt eines amerikanischen Zisterzienser-Klosters. Das ganze Kloster kam nach einiger Zeit herübergeflogen, um sich in die TM einführen zu lassen, und der Abt selbst blieb, um, ebenso wie ein Franziskaner und ein Kartäuser, eine Ausbildung als TM-Lehrer durchzumachen, damit er auch weiter in Amerika Mönche in diese gute Übung einführen konnte. Ich selbst schämte mich im Blick auf ihn immer etwas, daß ich mich so konstant weigerte, TM-Lehrerin zu werden, obwohl mir Maharishi sehr gute und zeitlich einfache Angebote gemacht hatte.

Aber ich fürchtete zwei Dinge: Zum einen, schlicht gesagt, die Verantwortung, denn ich sah sehr wohl, daß es auch psychisch labile Menschen zu solcher Meditation zog, und daß die Tiefenerfahrung geistige Störungen auf den Plan rufen konnte. Ich hätte nicht gewußt, wie damit fertigwerden, und ich war auch der Meinung, daß ich als Romanistin andere Aufgaben hatte. Zum anderen hatte man mir gesagt, daß ein TM-Lehrer sich auf Lebenszeit verpflichten müsse, Maharishis Ziele zu unterstützen. Auch dies schien mir für einen Menschen wie mich, der schon in ganz bestimmte Verpflichtungen und Lebensbezüge eingewachsen war, gefährlich. Zudem würde eines Tages der Meister nach Indien zurückgehen! So weigerte ich mich standhaft.

Der Zisterzienserabt aber, mutiger und unbedingter als ich, freute sich an seiner inneren Verwandtschaft zu Maharishi: „Er ist ja auch ein Mönch", meinte er, „man spürt es an seiner Schweigsamkeit, an seiner Keuschheit, an seiner Liebe und Wärme, an der ständig spürbaren Gegenwart Gottes in seinem Bewußtsein."

Der Zisterzienser-Abt, dessen Name Paul Marechal ist, verglich in einem Artikel die Aussagen Maharishis mit denen des Heiligen Bernhard von Clairvaux und anderen Zisterzienser-Vorbildern. So zeigte sich Übereinkunft, daß der Mensch sich Gott nur hingeben kann, wenn er er selbst geworden ist; daß es wichtig ist, während der Meditation keine Erwartungen und Wünsche zu haben; mit freiem Geiste sollte man nur da sein – wach in sich selbst und der Welt verloren: Das sind nicht Zisterzienser-Worte, sondern Worte Maharishis, die der Abt zitierte. Wichtig dann auch der Vergleich des Zurückgehens zur Quelle der Gedanken, wie er sich in Maharishis Bhagavad-Gita-Kommentar findet, mit den Aussagen der Heiligen Schrift über das „Herz", die geheimnisvolle Personmitte, wo Gott lebendig wirkt. In beiden Fällen ein rational nicht mehr faßbarer Quellpunkt.

Besonders wichtig ist es für den Zisterzienser, daß Maharishi das kosmische Bewußtsein definiert als eine Gleichzeitigkeit des Handelns mit der in der Meditation gewonnenen und nicht mehr störbaren tiefen Ruhe, aus der heraus nun das richtige, das rechte Handeln geschieht. Aus dem kosmischen Bewußtsein erwächst dann das Gottesbewußtsein, wenn aus dieser Tiefe der Ruhe und des rechten Handelns die Liebe und Aufmerksamkeit ganz auf Gott gerichtet sind und man alle Menschen und Dinge in Ihm sieht und erfährt. Daß Gott – oder wie es in der Sprache Maharishis auch heißen kann: das Sein oder das Absolute – unser eigentliches Ziel ist, bedingt auch, daß wir nicht in der Erfahrung und in der Sucht nach Erfahrung hängenbleiben dürfen. Der Zisterzienser-Abt zitiert in diesem Zusammenhang Valentine Walgrave: „Wenn die Suche nach Erfahrung das Leben konditioniert, dann wird die Religion dekadent. Das Gebet eines Menschen mag den Eindruck erwecken, als würde es sich in Richtung auf höhere (...) Ebenen zubewegen: kosmische Erfahrung, die Erfahrung der ‚großen Leere', ekstatische Kommunion mit anderen. Aber dies ist nur eine illusorische Form des Sich-Selbst-Transzendierens." Zusammen mit Maharishi betont der Zisterzienser das Einfache der Übung: „An der Übung ist nichts Kompliziertes oder Kunstvolles: Sie steht in keiner Weise mit irgendetwas in Konflikt, sie verlangt keine rituellen Zeremonien, keine besondere Kleidung, keine anstrengenden Übungen, keine unbequeme Körperhaltung oder besondere Diät. Sie verlangt nicht lange Stunden des Übens: Für Mönche und Ordensleute rät Maharishi Meditationszeiten von 20 bis 30 Minuten am Morgen und am Abend. Und sie verlangt auch keine ständige Überwachung durch einen Meister; wenn man sie einmal gelernt hat (abgesehen von gelegentlichen Sitzungen mit ausgebildeten Lehrern für Überprüfung und Beratung), macht man sie selbständig für sich allein. Dr. Bernhard Glueck, ein Psychiater, welcher der Direktor des Instituts for Living in Hartfort/Connecticut (USA) ist, wo laufend Untersuchungen über Meditation durchgeführt werden, stellt den wichtigen Punkt heraus, daß die Technik nicht abhängig zu sein scheint von einem ‚zauberkundigen, allmächtigen Führer'. Er schreibt, Maharishi habe es vermieden, der Führer eines Kultes zu werden. ‚Ich bin hier', sagte Maharishi einmal zu einer Gruppe von zukünftigen Meditationslehrern, ‚einfach nur, um euch zu dem Punkt zu bringen, wo ihr mich nicht mehr braucht'."

Der Zisterzienser-Abt ist zu klug und vorsichtig, um den Hindu Maharishi auf sein Verhältnis zu Christus abzutasten. Anders das Interview des BBC, das so weit ging, die Frage zu stellen, ob Maharishi ein Ketzer sei, was dann zwar verneint wurde, aber mit dem wenig ehrerbietigen und von Gelächter begleiteten Argument, daß Maharishi ja vom Christentum nichts verstehe. Er hatte in diesem Interview gesagt, er liebe zwei Worte Christi, die für sein Leben sogar entscheidend geworden seien, nämlich „Das Königreich des Himmels ist inwendig in euch" und „Trachtet zuerst nach dem Königreich des Himmels, und alles andere wird euch zufallen", so wurde es zitiert.

Nun aber versuchte der Moderator die Diskussion auf den springenden Punkt zu bringen und fragte, was denn Maharishi zum Leiden Christi sage. Darauf Maharishi: „Nein, nein, nein. Christus litt niemals. Der Mensch erblickte ihn als leidend." Über diese Aussage schienen die Diskutierenden entsetzt, man nahm es für primitive Unkenntnis. In Wirklichkeit stand dahinter die ganze hochkomplizierte Auffassung des Hinduismus von der Ursache des Leidens.

Für den Hindu entsteht Leiden durch Unwissenheit, und zwar weiß er nicht um die Identität seines Selbst mit dem Sein. Das wird unterstützt durch die Trennung des Leiblichen vom Seelisch-Geistigen, wobei das Leibliche wie die Außenwelt als eine Art zu beseitigendes Beiwerk empfunden wird – sehr im Gegensatz zum Christentum, in dem die Ganzheit von leiblichem und seelisch-geistigem Menschen erlöst wird. Maharishi aber, der um die Gottnatur Christi wußte, konnte unmöglich von ihm annehmen, daß er die Unwissenheit teile, die das wahre Wesen des Selbst aus den Augen verloren hat. Darum konnte er auch nicht an das Leiden Christi glauben. Wenn er es verneint, bejaht er damit gerade die Gottessohnschaft Christi. Für Christen aber, die diese Zusammenhänge nicht kennen, klingt die Leugnung des Leidens Christi oberflächlich und schokkierend.

In der BBC-Sendung wurde Maharishi auch gefragt: „Maharishi, können Sie mir berichten, wie Sie zu dieser Technik gekommen sind? Was brachte Sie dahin?"

Maharishi: „Ich würde sagen, die systematische Lehre meines Meisters in Indien."

Moderator: „Wer war Ihr Meister?"

Maharishi: „Es war Jagad Shankaracharya Swami Brahmananda Saraswati, ein großer Heiliger im Himalaya, der vom ganzen Volk verehrt wird."

Moderator: „Er ist ein Hindu-Heiliger?"

Maharishi: „Ja, ein Hindu-Heiliger, aber ich glaube, daß die Essenz jeder Religion in Wahrheit dieselbe ist – jeden Menschen zu befähigen, sich über Konflikte, Ängste, Sorgen und Leiden im Leben zu erheben, um ein friedliches, freudevolles und harmonisches Leben zu führen."

Darüber könnte man diskutieren, aber der Abt von Downside war beeindruckt von Maharishis Grundüberzeugung, daß ein religiöses Leben die Folge sei von Gott-Bewußtsein, nicht umgekehrt Gott-Verwirklichung die Folge eines religiösen Lebens: „Ich muß sagen, daß ich dem ganz außerordentlich zustimme, was er (Maharishi) uns zu sagen hat über die Wichtigkeit der Wiedergewinnung dessen, was wir den Kontakt mit Gott nennen würden, willentlichen, bewußten Kontakt mit Gott. Wir müssen uns vergegenwärtigen, daß es ein Teil unserer eigenen christlichen Tradition ist, daß wir geschaffen wurden für diese Vereinigung mit Gott, die eine Vereinigung in uns selbst sein muß."

Und er fragt dann noch einmal nach Maharishis Meister: „Ihr eigener Meister, Maharishi, lebte viele Jahre lang in Einsamkeit und Meditation?"

Maharishi: „Ja, ja, gewiß, eine lange Zeit, ich glaube, ungefähr 60 bis 70 Jahre lang lebte er in der Einsamkeit."

Abt: „Und es war gegen das Ende dieser Zeit, daß er begann, Schüler anzunehmen?"

Maharishi: „Ja, ja."

Abt: „Und sie zu unterrichten. Und auch Sie waren bei ihm für einige Zeit?"

Maharishi: „Ungefähr 13 Jahre lang."

Abt: „13 Jahre, und dann kamen Sie heraus, um zu lehren?"

Maharishi: „Als ich diese einfache Technik erhielt, Spannungen zu lösen und die Leiden im Geist und in den Herzen der Menschen zu erleichtern, da dachte ich, wir könnten – warum nicht? – einen Versuch machen, die Leiden dieser Generation, in die wir geboren sind, zu mindern."

Und beide, der Abt und Maharishi waren sich darüber einig, daß in der Meditation Gott zu finden ist.

Der Hindu-Heilige mit dem langen Titel, den Maharishi hier erwähnt hat, spielte im geistigen Indien eine große Rolle, und Maharishi war sein Lieblingsschüler. Guru Dev konnte sich Shankaracharya nennen, weil er die Tradition des Shankara fortsetzte. Shankara, der nach traditioneller Annahme 788 bis 820 lebte, nach heutigem Wissensstand aber schon ins 7. bis 8. nachchristliche Jahrhundert gehört, war in Indien der Hauptvertreter des „Vedanta", der aus den Upanishaden entwickelten klassischen Ausprägung des Hinduismus. Zur Pflege und Erhaltung seiner Lehre hatte Shankara in Indien vier Zentren – Klöster gewissermaßen – gegründet, deren wichtigstes, Jyothir Math in Badariashramam im Himalaya-Gebiet lag. Auf diesen „Thron des Shankaracharya", wie Maharishi es ausdrückt, wurde Guru Dev 1941 im Alter von 72 Jahren geholt. Er hatte lange gezögert, seine Einsamkeit zu verlassen, aber andererseits war das wichtige religiöse Zentrum im Norden über 150 Jahre unbesetzt gewesen und dringend wieder zu beleben und zu erneuern. Dr. Radhakrishnan, Philosoph und zweiter Präsident der Indischen Union, nannte ihn „den inkarnierten Vedanta".

Ein Jahr später hatte Maharishi sein Physikstudium abgeschlossen und kam zu Guru Dev, um ein Yogi und Mönch zu werden. Nach des Meisters Tod im Jahre 1953 zog er sich in eine Himalaya-Höhle zurück, in der er sein Leben verbringen wollte. Doch wurde ihm nach einiger Zeit klar, daß Guru Dev anderes von ihm erwartete. Alle Hinweise und Zeichen sprachen dafür, daß er zunächst nach Südindien gehen solle, wo man zu seinem eigenen Erstaunen Vorträge von ihm wollte. So entstand die geistige Erneuerungsbewegung, deren Ziel es war, durch eine ebenso einfache wie wirksame Meditationstechnik die Menschheit (ursprünglich die Inder) aus ihren auf Unwissenheit basierenden Leiden herauszuführen. Aus dieser Erneuerungsbewegung erwuchs dann die TM. (Später, „zu meiner Zeit", sagte ihm ein Mann der Wirtschaft: „Maharishi, Sie sind doch auch ein großer Manager!" Er wies das weit von sich: „In gewisser Weise bin ich nie aus meiner Himalayahöhle herausgekommen." Ein Schlüssel zum Verständnis!)

Maharishi nannte Guru Dev sein „führendes Licht", seine „Sonne der göttlichen Gnade." Es war schon Guru Devs Gedanke gewesen, alte Meditationstechniken der Veden mit neuem Geist zu erfüllen und nicht nur an Einsiedler und Mönche, sondern auch an aktiv mitten im Leben stehende Menschen zu vermitteln. Damit stellte er, so zeigte es Maharishi, den wahren Geist

Shankaras wieder her, der im Laufe der indischen Geistesgeschichte verfälscht wurde durch die Philosophie des Maya, des „Wahns", der die Welt für trügerisch erklärte und einen vom Leben losgelösten Weg empfahl. Maharishi sah in Shankara einen Menschen wie seinen Lehrer Guru Dev, einen Menschen, wie er selbst es war oder zu sein wünschte. Er schreibt über Shankara: „Sein Bewußtsein stellte den Stand höchster menschlicher Entwicklung dar; sein Herz drückte höchste transzendentale Hingebung an Gott aus, während sein Geist Bewußtsein des Selbst als getrennt vom Feld der Handlung empfand. Dies alles ließ Shankaras Rede sich in Ekstasen der Hingebung ergießen und gleichzeitig klaren, wissenden Ausdruck für die trockenen und harten Wahrheiten im Hinblick auf die von der Welt getrennte göttliche Natur finden. Dies sind die beiden Aspekte der lebenden Wirklichkeit eines Lebens vollkommenen Erfülltseins" (Kommentar Bhagavad-Gita). Da es aber, wie Maharishi betont, das traurige Geschick eines jeden großen Lehrers ist, daß seine Lehre von einer anderen Bewußtseinsstufe kommt als der des die Lehre Entgegennehmenden, wurde auch Shankaras Lehre verfälscht und war es nun Sache Guru Devs und Maharishis, die wahre Weisheit der Erfüllung des Lebens wiederzubringen, die, wie Maharishi betont, in der gleichzeitigen Entwicklung von Herz und Geist liegt. Shankara war für ihn nicht der Vertreter der Weltverneinung und Lebensflucht, sondern Vertreter der Weisheit integrierten Lebens.

Die Blumen, die man Maharishi bringt, reicht er im Geiste an seinen Meister weiter. Das Gemälde eines Yogi, das stets in seinen Räumen und hinter seinem Sitz bei Vorträgen aufgestellt ist, ist ein Portrait „seiner Göttlichkeit" Guru Dev, dem er in ständiger Dankbarkeit begegnet, weil er sich von ihm in seinem Leben gesegnet und begleitet fühlt. Wenn Maharishi seine Vorträge mit einem „Jai Guru Dev" beginnt oder endet, wenn er auch seine Schüler lehrt, mit solchem Gruß zu grüßen, so verbirgt sich dahinter keine „Ideologie", sondern zeigen sich Dankbarkeit und Liebe. Denn „Jai Guru Dev" heißt nichts anderes als „Dank sei Guru Dev" – so jedenfalls sagte man mir.

Ich selbst wurde aus der indischen Tradition reicher beschenkt, als ich es mir gewünscht hätte. Der Impuls zu solchen Erfahrungen kam vom Mantra, um das ich mir an sich keine Gedanken gemacht hatte. Der Bereich der Mantren war gewissermaßen tabu. Man fragte nicht, was sie bedeuteten, zumal der Meister die Ansicht vertrat, daß ein klares Wissen um die Bedeutung den Versenkungsprozeß hoffnungslos behindere. Doch gab er uns „Gelehrten" gegenüber immerhin zu, daß es sich nicht – wie die TM-Lehrer zu sagen angehalten waren – einfach nur um irgendwelche Lautkombinationen handelte, sondern um göttliche Eigenschaften. Manche Christen stießen sich daran und sagten: „Um Himmels Willen, wir bekommen ja Götternamen, wir rufen ja indische Götter an!" Ich dachte: Nanu, glauben die denn, es gäbe indische Götter? Für mich gab es nur einen Gott, und der konnte sich in anderen Religionen mit bestimmten und vielleicht auch in zu Göttern personifizierten Eigenschaften darstellen. Darum machte es mir keine Skrupel zu wissen, daß die Mantren wohl meist den Veden, den heiligen Schriften entnommen waren – göttliche Sanskrit-Namen.

Dafür aber machten mir zwei andere Feststellungen zu schaffen: Zum einen, daß es nicht gleichgültig war, mit welchen Sprachlauten und -rhythmen man innerlich umging. Mir waren, besonders anfangs, bestimmte Rhythmen unangenehm, und ich bat den Meister, sie mir nicht zu geben, was ihn freilich nicht kümmerte! Auch mit bestimmten Sprachlauten gab es eine innere Auseinandersetzung. Man spürte sofort, wo Hindernisse waren und wo ein müheloses Voranschreiten stattfand. Außerdem stellten sich bestimmte Bilder ein. Als ich mein letztes Mantra erhalten hatte, wunderte ich mich über das konstante Bild, das mich im Durchgang zur Ruhe regelmäßig ergriff. Es war ein sehr einfaches Bild: eine Flußmündung und davor das Meer; über dem Meer eine aufgehende Sonne, anfangs von dunklen Wolkenschatten überzogen, die sich dann im Laufe der Zeit immer mehr auflösten.

Mich beunruhigte weniger das Bild selbst als seine Hartnäckigkeit. Und als ich merkte, daß der Meister mit mir darüber nicht sprechen wollte, nutzte ich den Besuch eines Mitmönchs von ihm, der beim gleichen großen Meister Guru Dev studiert hatte. Als er eines Abends in der Vortragshalle neben mir saß, sprach ich ihn an – Maharishi sah es, verstand meine ihm trotzende Absicht und lachte. Ich erzählte dem Yogi-Besucher von meinem Bild-Problem. Dieser hörte aufmerksam zu, schaute mich ruhig und sicher an und sagte: „Dann haben Sie das und das Mantra." Es stimmte genau! Ich war verblüfft. Und er erklärte mir: „Ja, das ist alte Veden-Weisheit, eine Erfahrung von Tausenden von Jahren. Zu bestimmten Mantren gehören bestimmte Bilder." Ich war begeistert und erschrocken zu-

Maharishi Mahesh Yogi
(Hamburg 1973)

gleich. Begeistert über die Zuverlässigkeit einer solchen Tradition, erschrocken über die Möglichkeit des Einflusses fremder Religion.

Ähnlich erging es mir später, als Maharishi aus Indien Pandits geholt hatte, das heißt Sanskritgelehrte, die alle heiligen Texte auswendig konnten und als liturgisch-rituellen Gesang vortrugen. Es war am Meer in Südspanien, wo er sie zum erstenmal singen ließ, und zwar nach einem Vortrag, den ich über einen andalusischen Dichter – den Nobelpreisträger Juan Ramón Jiménez – gehalten hatte, natürlich wieder mit dem üblichen TM-Bezug. Während ich nun diesem rezitativartigen, stark rhythmisierten Gesang lauschte, der durch ein lang hallendes „Om" jeweils eingeleitet wurde, erschienen in meinem Geiste plötzlich Bilder von Tempeldächern, bedeckt mit Reliefs und Skulpturen, wie ich sie niemals gesehen hatte, aber eindeutig als hinduistisch identifizieren mußte; Pflanzen, Tiere, Menschen, Götter eng miteinander verschlungen. Allerdings meinte ich, es gäbe solche derart geschmückten Tempeldächer nicht, es seien Erfindungen meiner Phantasie. Aber als ich in späteren Jahren einmal mit dem Indienkenner Martin Kämpchen darüber sprach, bestätigte er mir, daß eben gerade diese Dachformen, die ich gesehen hatte, typisch seien für Hindu-Tempel. Ich dachte mir schon damals, als ich es erfuhr, daß sich wohl etwas aus dem Geiste der Pandits auf den meinen übertragen hatte, eine Art ungewollter Telepathie. Aber es beunruhigte mich doch ein wenig, denn ich war mit dem Meister selbst der Meinung, daß es nicht gut sei, die Religionen zu mischen. Und was dem Hindu als Geschenk und Gnade erschienen wäre, sah ich als Gefahr und Versuchung. „Denn niemand", so schrieb ich später an Maharishi, „kann zween Herren dienen" (Mt 6, 24).

Gerade auch ihm selber war das bewußt. Einmal fragte ich ihn auf einer Autofahrt ganz spontan: „Maharishi, könnten Sie nicht Ihre Sprache in Sachen Meditation ein wenig dem traditionellen Sprachgebrauch des Christentums anpassen? Dann würde so vieles verständlicher und Sie hätten nicht eineinhalb Millionen, sondern viele Millionen Meditierender!" Bei diesen Worten stießen sich die beiden mitfahrenden Damen aus der Schweiz gegenseitig den Ellenbogen in die Rippen. Maharishi antwortete ganz schnell: „Nein, das kann ich nicht, damit würde ich die Reinheit der Lehre gefährden." Ich mußte lachen: „Reinheit der Lehre" – das war gutkatholische Rede! Er aber meinte Shankara – Schade. Wurde da eine Chance verpaßt?

Der Maharishi-Effekt

Ich hatte noch den ursprünglichen Maharishi kennengelernt, den liebenden Maharishi des Yoga und der Himalaya-Höhle. Aber ich erfuhr auf den Symposien zunehmend, wie ihn die Naturwissenschaft anzog, was ja auch nicht verwunderlich war bei seiner Ausbildung. Zudem entsprach es dem Zug der Zeit.

Der erste Schritt zu seinen „Forschungsuniversitäten" war die Doktorarbeit eines jungen Amerikaners, Robert Keith Wallace, der in einfacher Weise an der medizinischen Fakultät von Harvard 36 Test-Personen während der Transzendentalen Meditation untersucht hatte. Und zwar zeichnete er auf: Veränderungen im Sauerstoffverbrauch, im Hautwiderstand und im Laktatgehalt des Blutes, um nur das wichtigste zu nennen. Denn von Veränderungen dieser physiologischen Faktoren lassen sich Streß oder Entspannung ablesen. Und schließlich führte er noch mit seinem Kollegen Benson Untersuchungen von Gehirnwellen-Mustern durch, die für die Entwicklung der TM als „Wissenschaft" wegweisend werden sollten. Es wurde bald für viele Forscher ein anziehendes Feld. Auch bekannte Gelehrte betätigten sich hier vorübergehend, während die Transzendentale Meditation selbst meines Wissens bis zum heutigen Tage keine bedeutenden Persönlichkeiten hervorgebracht hat.

Aber überall entfaltete sich nun eine große wissenschaftliche Aktivität, die interessante Resultate erarbeitete, die freilich zu interpretieren waren. Und hier lag, so schien mir, die Schwierigkeit und Gefahr. Vor allem die in jenen Jahren gern zitierte Verwandtschaft zwischen vedischem Wissen und Kernphysik, mehr noch die für einen Laien undurchschaubare Beziehung zwischen Meditationserfahrung und Quantentheorie wurde zu einem großen Tummelplatz für echte und unechte Wissenschaftler. Mir wurde das besonders deutlich, als ich der Findung oder Erfindung des „Maharishi-Effektes" beiwohnte.

Ich kannte andere „Maharishi-Effekte": Die Verehrung, die dem kleinen Mann in weißer Seide von Jung und Alt entgegengebracht wurde. Die Betrübnis jener Eltern, deren Söhne und Töchter ihr Studium abbrachen, um bei ihm zu sein. Die Reaktion eines Geschäftsmannes, dem in Verhandlungen mit dem Meister der Traum vom großen Geld geplatzt war und der doch nach dieser gladiolenbewaffneten indischen Begegnung wie ein Träumender umherging. Das Symposium 1973 in Hamburg, im gleichen überfüllten Auditorium maximum, in dem ich den „Muff von 1000 Jahren" erlebt hatte. Mein vergeblicher Versuch, während einer Einkehrwoche des Meisters in meinem nicht weit entfernten Zimmer in gewohnter Weise zu meditieren: sein Schweigen machte die Stille so fein, daß mein Mantra wie etwas grob Materielles verzischte. Und immer wieder seine Antwort auf Fragen, die man noch nicht zu stellen gewagt hatte. Fast alle TM-Lehrer machten mit ihm telepathische Erfahrungen.

Nein, nichts derartiges war gemeint. Der „Maharishi-

Effekt“ war eine wissenschaftliche, eine statistisch belegte Entdeckung.

Amerikaner hatten Städte untersucht, indem sie die Bevölkerungszahl, den prozentualen Anteil von TM-Übenden und die Kriminalitätsrate miteinander verglichen. Dabei zeigte sich, daß in vier Städten, in denen der Anteil der TM-Übenden auf mindestens ein Prozent angestiegen war, die Kriminalitätsrate sank. (Auch die Unfall- und Krankheitszahlen). Diese Entdeckung, deren Mitteilung ich 1974 zufällig beiwohnte, löste großen Jubel aus, am meisten bei Maharishi selbst, der sofort die Konsequenzen übersah. Denn während nun seine Wissenschaftler in aller Welt weitere Bestätigungen für diesen Effekt suchten und fanden, war er von der Last der grenzenlos zu gewinnenden Massen befreit. Die Beschränkung auf ein Prozent schien auf den ersten Blick realisierbar und ließ mehr Qualität zu.

Für den Hindu war hiermit der Wert der von ihm gelehrten Meditation wissenschaftlich bewiesen. Seine Neigung, die Grundanschauungen seiner Religion mit denen der modernen Physik zusammenzubringen, fand hier eine neue Basis. Vom Wissen zur Wissenschaft, von der Statistik zur Physik. Für die Messungen wurde ein Computer angeschafft, wie ihn die großen Kliniken benutzen. Professor Schäfer sagte später zu Maharishi (ich war dabei): „Ihre Untersuchungen sind ausgezeichnet, nur Ihre Interpretationen sind falsch.“ Aber es kam dann leider zu keinem wirklichen Gespräch, obwohl sich Maharishi interessiert zeigte. Hinderlich waren wohl vor allem die schnellen Analogieschlüsse.

Wenn zum Beispiel die Gehirnströme ergaben, daß in tiefer Ruhe die Wellenmuster beider Gehirnhälften sich geordnet, d. h. kohärent und korrelativ zueinander verhielten und einer der Physiker das Wort „Harmonie" benutzte, so jubelte Maharishi auf: „Harmonie, das bedeutet Frieden, mit dieser Meditation bringen wir der Welt den Frieden!" Sein Analogiedenken wurde von Wissenschaftlern unterstützt, die sich allerdings der Analogie bewußt waren, wie etwa Brian Josephson, ein Nobelpreisträger, der zu Maharishis Anhängern gehörte und 1975 bei der „Ausrufung des Zeitalters der Erleuchtung" in der Schweiz erklärte, warum in der Quantenmechanik Bewußtsein und physikalische Vorgänge nicht mehr trennbar seien. Und er erläuterte den ordnenden Einfluß der TM auf das Gehirn mit dem Verhalten des Wassers, das geordnetere Moleküle bekommt, wenn es sich bei Temperaturen unter Null kristallisiert.

Solche Veranschaulichungen wurden, so schien es mir, von Maharishis „Forschungsuniversität" in der Schweiz sehr wörtlich genommen. Verständlich, denn auch die größten Physiker der Gegenwart, wie Planck, Heisenberg, v. Weizsäcker, Schrödinger suchten nach einer universalen Gesetzlichkeit, die auch das Geistige einschließt. „Einheit" war das Zauberwort! Maharishi vertrat im Grunde ja nicht zu Unrecht die Meinung, daß, wenn ein Schöpfergeist am Werke sei – ob man ihn nun persönlich oder unpersönlich auffassen mochte –, dieser Geist alles nach seiner Art, das heißt nach gleichen Gesetzen schafft, so daß Geistiges und Physikalisches vergleichbar wird. Ein den genannten Physikern vertrauter, aber in unkritischer Anwendung nicht ungefährlicher Gedanke. Am wichtigsten war der in der Quantenmechanik entdeckte Vakuumzustand, jener

Grundzustand „geringster Anregung" und „größter Geordnetheit", der als Entstehungsebene „aller Möglichkeiten" diente. Das ließ sich glänzend auf den geistigen Vorgang der TM übertragen.

Der nun statistisch erarbeitete „Maharishi-Effekt" schien als der Physik entnommener „Phasensprung" dieses Denken absolut zu sichern, und so sah sich der Meister veranlaßt, am 12. Januar 1975 auf dem Vierwaldstättersee vom Motorschiff „Gotthard" aus das Morgenrot eines neuen Zeitalters, des Zeitalters der Erleuchtung zu verkünden. (Heute ist die „Gotthard" ein abendlicher „Musikdampfer".) Ein „New Age" brach also damals an, und es brach an für Maharishi, weil der Glaube aller Religionen an die Kraft des Gebetes, an die Ausstrahlungskraft geistigen Tuns eine statistische, eine wissenschaftlich meßbare Bestätigung gefunden hatte – oder gefunden zu haben schien! Der Text seiner umwerfenden Rede sei hier, zumindest gekürzt, wiedergegeben. Er beginnt mit einem Gebet, einer Geste der Verehrung für die Tradition Shankaras und der Veden, einer Verneigung vor dem Hochgott und der göttlichen Mutter, mit der Bitte um Segen für alle Völker und mit der Huldigung an Guru Dev, den höchsten Lehrer. Dann folgt die Verkündigung:

„Jai Guru Dev! Wir sehen den Anbruch einer besseren Gesellschaft, einer besseren Welt. Den Anbruch eines glücklichen Zeitalters, des Zeitalters der Erfüllung, des Zeitalters der Ganzheit des Lebens, den Anbruch des *Zeitalters der Erleuchtung.* Wir wissen das, weil es nachgewiesen wurde – objektiv und subjektiv nachgewiesen – Monat für Monat und Jahr für Jahr, seit wir die Bewegung ins Leben gerufen haben. Die Wissenschaft hat uns zum Heraufdämmern eines neuen Zeitalters geführt.

Es ist ein glücklicher Umstand, daß die verschiedenen Wissenschaften heute entwickelt genug sind, um die Ganzheit des Lebens zu erfassen. Die Physik ist fortgeschritten genug, um den Grundwert des Lebens zu erkennen, der alles harmonisiert – diese integrierte Lebensform, dieses Heilwerden des Lebens, das aus der direkten Erfahrung hervorgeht, wenn der Geist alle Aktivität durch die Praxis der Transzendentalen Meditation transzendiert – diese Erfahrung der Ganzheit des Lebens, wenn kein Impuls zur Aktivität sich mehr regt, dieser Status der geringsten Anregung.

Der Status der geringsten Anregung ist Basis aller Möglichkeiten. Das Feld perfekter Ordnung, dem alle Aktivitäten in Einklang mit den Naturgesetzen entspringen. Kein Aspekt irgendwelchen Tuns, das vom Status der geringsten Anregung ausgeht, verletzt irgendein Naturgesetz, und darum entstehen auch keine Probleme. Die Basis von Problemen ist Schwäche und Verletzung der Naturgesetze. Auf diese Weise macht die Wissenschaft von der Schöpferischen Intelligenz das Leben problemfrei, frei von Schwächen und darum frei von Leiden. Die Physik ist fähig, für die ganze manifestierte Schöpfung zuständig zu sein, die aus jenem unmanifestierten Feld des Lebens hervorgeht, das zur direkten Erfahrung von etwa einer Million Menschen in der ganzen Welt wird.“ (Maharishi meint die Zahl der TM-Übenden).

„Und ebenso kann die Chemie auf der Basis der ihr bekannten Gesetze erkennen, daß die Reaktionen in der Welt Ausdruck der nicht reagierenden, unmanifesten

Ganzheit des Lebens sind – der Transzendenz des Absoluten, des Wandellosen, Unveränderlichen, Ewigen, Unendlichen, Unbegrenzten des Lebens, das in der innersten Mitte eines jeden Lebens verborgen ist. Unsere eigene Spezialität ist Erfahrung des Bewußtseins. Wir haben uns weltweit auf diese entscheidende Basis des Lebens spezialisiert. Durch die Ergebnisse unserer Erfahrungen und auf der Grundlage wissenschaftlicher Experimente wissen wir heute, daß, wenn nur ein Prozent der Bevölkerung einer Stadt zu meditieren beginnt, das ganze Leben der Stadt seine Richtung ändert. Negativität nimmt ab, Positivität nimmt zu.

Diese Erkenntnis vom Einfluß der Transzendentalen Meditation ist die Basis, auf der wir heute das Zeitalter der Erleuchtung verkünden – für uns in dieser und für alle kommenden Generationen. Es ist eine so große Freude, von dem zu sprechen, was sich nun aus der Dunkelheit und dem Leiden der Erde erhebt. Durch alle Zeiten, durch alle menschliche Geschichte, von der wir wissen, verstand man das Leben als einen Kampf auf beiden Ebenen, der Ebene des Intellekts und der Ebene der Erfahrung. Das Motto des Lebens hieß „Leben ist Kampf". Die Menschheit hat das Leben erfahren und verstanden in Ausdrücken des Kämpfens. Wir begannen vor 17 Jahren, ausgehend von den Segnungen Guru Devs, zu sagen: ‚Leben ist Seligkeit. Kein Mensch muß mehr leiden.'

Dieses ist die Verkündigung von der Möglichkeit eines Zeitalters der Erleuchtung, von der Morgenröte einer strahlenden Sonne im künftigen Zeitalter der Erleuchtung. Es kann nun jederzeit in alle Länder gebracht werden. Das zu sagen ist unsere Freude. Hiermit rufen wir den Beginn der Morgendämmerung des Zeitalters der Erleuchtung aus! Wenn es schon dämmert, dürfte es nicht mehr lange dauern, bis das Licht zu sehen ist. Wir wissen aus Erfahrung, daß der erste Strahl einer aufgehenden Sonne genügt, um das Dunkel der Nacht zu vertreiben. Es wird noch Zeit brauchen, bis die Sonne von der Höhe des Mittags strahlt. Aber schon der erste Sonnenstrahl genügt, um die Dunkelheit zu beenden. Heute erklären wir in allem Vertrauen in die Basis der subjektiven Erfahrung von etwa einer Million Meditierender in der Welt und auf der Basis objektiver Untersuchungen der verschiedenen Wissenschaften in Hunderten von Experimenten, die auf dem Gebiet der Physiologie, Psychologie, Soziologie, Ökologie durchgeführt wurden, daß all die verschiedenen Aspekte des Lebens bereichert und entwickelt werden durch die Praxis der Transzendentalen Meditation.

Leben in Geordnetheit, Leben in Übereinstimmung mit den Naturgesetzen, wissenschaftliche Messungen des Gehirns – EEG-Untersuchungen – zeigen, wie das Hirn geordnet wird. Einige wenige geordnete Leute bewirken um sich herum einen Wechsel der gesellschaftlichen Entwicklung. Auf diese Weise brauchte kein Land mehr zu leiden. Keine Nation müßte weiterhin mit Problemen leben. Wenn wir das sagen, sind wir uns bewußt, daß jede Nation tief in zahllose Probleme verstrickt ist – ganz sicherlich ist uns das bewußt. Wir sind nicht unwissend bezüglich der Situation der heutigen Welt. Wenn wir das Heraufdämmern des Zeitalters der Erleuchtung proklamieren, wissen wir, daß die Welt in das tiefe Dunkel der Unwissenheit gehüllt ist. Überall gibt es Probleme. Aber all dieses Dunkel kümmert uns nicht. Wir sehen das Dämmern des Morgens, und wir sehen es durch das Fenster der Wissenschaft – durch Mikroskope, Teleskope, Oszilloskope. Wir haben untersucht und gemessen, um zu zeigen, welch ein Grad der Geordnetheit gewonnen wurde. All die Oszilloskope zeigen es, wenn Sie die Augen schließen und – durch TM – das Hirn geordnet wird.

Wenn wir die Statistiken der letzten fünf oder zehn Jahre ansehen, wie hoch war die Kriminalitätsrate und all dies! Aber nun sehen wir, daß, wenn ein Prozent der Bevölkerung meditiert, sofort die Kriminalitätsrate sinkt. Das bringt uns die Möglichkeit einer besseren Welt sehr nah. Es kümmert uns nicht, was 99 Prozent der Menschen tun. Einer unter Hundert genügt, wenn er abends und morgens 15 Minuten lang die Praxis der Transzendentalen Meditation übt. Ja, es ist ein Wunder! Es ist ein Wunder, das die moderne Wissenschaft vollbracht hat. Meine Freude heute ist die eines Gärtners, der die Wurzeln des Baumes Tag für Tag und Tag für Tag und Tag für Tag gewässert hat. Der Baum ist gewachsen, und sein Wachstum ist die Freude des Gärtners. Ich schenke den Wissenschaftlern Glauben, die durch ihr Wissen dazu beigetragen haben, daß wir heute das Heraufdämmern eines neuen Zeitalters in dieser wissenschaftlichen Zeit verkünden können. Denn der Anbruch des Zeitalters der Erleuchtung geschieht auf der Plattform der Wissenschaft, von der wir wissen, daß sie wirklich ist. Sie ist etwas sehr Reales, und darum beglückwünsche ich all die Forscher, die zu diesem Resultat beigetragen haben."

Maharishi machte eine Pause, denn er hatte einen Effekt vorbereitet: auf sein Zeichen werden drei Minuten lang Alp-Hörner geblasen, (zwerchfellerschütternd). Großer Applaus! Und dann die Schlußworte:

„Dieses ist der Beginn des Jahres der Erfüllung des Weltplans. Wir haben das Wissen, wir haben die Organisation, wir haben den Segen Guru Devs, wir haben den Segen der Natur. Die Zeit ist reif. Wenn die Dunkelheit groß ist, ist das Licht am notwendigsten. So ist diese Weltzeit, diese Situation der Gesellschaft, nun der rechte Augenblick für den Anbruch des Zeitalters der Erleuchtung. Noch einmal wollen wir sagen ‚Jai Guru Dev'!" (Aus dem Englischen übersetzt von der Verf.)

War dies die Rede eines Großen, eines Größenwahnsinnigen, eines getäuschten Idealisten? Manchmal wußte ich es nicht, aber im persönlichen Umgang mit ihm erfuhr ich immer wieder soviel Konkretheit, soviel humorvollen Realismus, soviel Augenmaß für das im Moment Machbare, daß ich an den Fähigkeiten dieses Menschen nicht zweifelte, nur an der Möglichkeit der Realisierung seiner Pläne. Er aber führte nun unverdrossen Kurse ein, die das Niveau der meditierenden Helfer der Menschheit heben oder, anders gesagt, die Meditation sowohl verbreiten wie vertiefen sollten. Denn für die Ausstrahlungskraft war Qualität entscheidend. Man mag heute lächeln über diesen zählenden und messenden Eifer, andererseits läßt sich auch nicht beweisen, daß von der Meditation keine Wirkung auf die Welt ausgeht. Allerdings überzeugte mich nicht seine Interpretation, daß durch „geordnete" Gehirnwellen sich schon Mensch und Leben ordnen. Und noch weniger seine kraß materialistischen Hinweise auf die Physiologie der Hirnfunktionen, die besser zum Positivismus als zur Quantenphysik paßten.

Maharishi aber verfolgte seinen Plan konsequent weiter, indem er ein Jahr später dem beginnenden Zeitalter der Erleuchtung eine Weltregierung des Bewußtseins gab. Diese Weltregierung des Zeitalters der Erleuchtung war nicht als ein Konkurrenzunternehmen zu den bestehenden Regierungen gedacht. Und ihr Wirken war nicht von der Zustimmung der mit ihren Segnungen Bedachten abhängig. Diese Regierung wurde errichtet auf dem Geist der Veden, des Rig-Veda, das mit den Worten beginnt: *„Agnim Ile Purohitam Yagyasya Devam Ritvijam Hortaram Ratna Dhatamam"* (nach der Reclam-Übersetzung etwa: „Dieser Sänger hat sich zu dir, Feuer, begeben. Sohn der Kraft, eine andere Freundschaft gibt es ja nicht." Die Anmerkung verweist auf die Dämonen abwehrende Kraft des Feuers.) Dieser erste Satz des Rig-Veda legte mit einem jeden Wort die Fundamente der Weltregierungs-„Konstitutionen" und ihrer Philosophie; sodann wurden die ganzen Veden einbezogen, alle weiteren heiligen Bücher Indiens und schließlich die heiligen Bücher der Menschheit, denn Maharishi dachte oder gab sich ökumenisch, weil er in den Veden den „Stamm", in den anderen Religionen die „Äste" des religiösen Menschheitsbaumes sah. Die auf den Versen des Rig-Veda errichteten zehn Ministerien waren folgendermaßen definiert:

1. Ministerium für Bewußtseinsentwicklung.
2. Ministerium für Naturgesetz und Ordnung.
3. Ministerium für kulturelle Ganzheit (integrity) und Weltharmonie.
4. Ministerium für Erziehung und Erleuchtung.
5. Ministerium für Feiern und Erfüllung.
6. Ministerium für Wohlstand und Fortschritt.

7. Ministerium für Information und Inspiration.
8. Ministerium für alle Möglichkeiten: Forschung und Entwicklung.
9. Ministerium für die Hauptstädte des Zeitalters der Erleuchtung.
10. Ministerium für Gesundheit und Unsterblichkeit.

Ich war damals verzweifelt über diese Formulierungen, vertrieben sie doch viele der mit Maharishi arbeitenden seriösen Wissenschaftler und Gelehrten. Heute, rückblickend und besser über das Denken des Hinduismus orientiert, verstehe ich, daß es ihm, wie ja auch schon in der Technik der TM, darum ging, das Ewige sozusagen ins Zeitliche hereinzuholen. Diesen mystischen Grundgedanken versuchte er nun in eine abendländisch-moderne und wissenschaftliche Sprache zu kleiden. Daher die absurde, die abschreckende Wirkung. Pennington, ein Trappist aus Massachusetts, hatte geschrieben: „Maharishi ist ein wahrhaft spiritueller Mann (...). Aber da er ein weiser Lehrer ist, geht sein erster Appell an den wissenschaftlichen und materiellen Amerikaner durch eine Batterie von wissenschaftlichen Berichten." Manchmal fragte ich mich: War es wirklich nur das, oder begann der moderne Yogi den Reizen der jungen Physik zu erliegen?

Was allerdings das Unternehmen „Weltregierung" anging, war als Gedanke für Europa nicht so neu wie es schien. Ich plaudere jetzt aus meinem Fach: Im Mittelalter lebte auf Mallorca ein großer Mystiker und Gelehrter, Raimundus Lullus oder Ramon Llull, der als begeisterter Missionar und um den Menschheitsfrieden Bemühter ähnliche Gedanken entwickelt hatte. Er ging dabei natürlich nicht vom Rig-Veda aus, sondern vom Gloria der Heiligen Messe. Einem jeden Satz des Gloria entsprach ein Ministerium, und diese Ministerien wurden von römischen Kardinälen verwaltet. Das Ganze war dargestellt in der Form eines utopischen Romans namens „Blaquerna“, dessen geistlicher Protagonist es bis zum Papst brachte, um dann am Ende seines Lebens den Gipfel christlicher Erfüllung im Eremitendasein zu finden. Als Eremit schrieb er auch ein Buch mit Kontemplationstexten, das „Buch vom Freunde und vom Geliebten“, das zugleich eine Methode darstellte, die völkerverbindend zwischen Christen und Moslems wirken sollte. Ein ökumenisches Beten und Meditieren also. Die Ministerien aber hießen: „Ehre sei Gott in der Höhe“ oder „Friede den Menschen auf Erden“ usw. Und zum Beispiel der Kardinal, der Minister für „Friede auf Erden“ wurde, hatte Botschafter in allen Ländern, die sich um jeden Streit kümmern mußten, auch um ganz individuelle Zwistigkeiten, denn beim Einzelnen, beim Individuum begann, so betonte Llull, der Friede. Bei großen Schwierigkeiten reisten auch die Kardinal-Minister selbst durch die Länder, und zudem trafen sie sich einmal im Jahr zu einer Vollversammlung, in der alle Probleme besprochen wurden und wo man Beschlüsse faßte.

Maharishi – ein moderner oder ein mittelalterlicher Geist? – schrieb für seine Minister und Gouverneure eine vierteljährliche Vollversammlung vor. Die Probleme waren ja auch zahlreicher und die Welt sehr viel größer als zu Zeiten Ramon Llulls. Über den Katalanen von Mallorca lächelte damals die Christenheit, heute ist man dagegen geneigt, seine Größe zu erkennen.

Mir schien mit der „Weltregierung“ der Bogen des

Meisters bis aufs Äußerste gespannt. Ein Weiter- und Darüberhinausgehen war nicht möglich, die Zumutung für den abendländischen Geist gewaltig. Oft konnte ich mir nur noch ein gequältes Lächeln abringen, und während früher für mich die Ankunft stets das Schönste dieser Meditations-Symposions-Reisen gewesen war, schien mir nun oft die Abfahrt das Verlockendere zu sein. Andererseits: jeder Besuch beim Meister festigte und vertiefte die einfach wunderbare Ruhe der Meditation. Innerer Friede, unabhängig vom äußeren Geschehen. Auf seinem eigentlichen Gebiet hatte der Yogi nicht zuviel versprochen.

Ich möchte hier noch eine neue Erfahrung anfügen: Jetzt, als dieses Buch fast fertig war, hatte ich Vorträge in der Schweiz zu halten und nutzte die Gelegenheit, das schöne Dörfchen Seelisberg, „die Hauptstadt des Zeitalters der Erleuchtung" am Vierwaldstättersee, zu besuchen und im verlassenen (Maharishi lebt seit langem wieder in Indien), aber gepflegt wirkenden, tempelähnlichen Hotel Sonnenberg nach dem neuesten Stand des TM-Wissens zu fragen. Da erfuhr ich: Man braucht für den Maharishi-Effekt jetzt – begründet durch Erkenntnisse der Quantenphysik – nicht mehr ein Prozent der Weltbevölkerung zur weltwirksamen TM-Ausübung, sondern nur noch die Quadratwurzel von diesem einen Prozent, was die erfreulich realistische Zahl von 7000 ergibt. Vorausgesetzt wird dabei eine hochwertige Gruppenmeditation. Und ich las auf dem deutschsprachigen Informationsblatt, das man mir überreichte: „Wenn Frieden stabil und dauerhaft sein soll, müssen die wichtigsten Bereiche der Gesellschaft so strukturiert sein, daß das Leben in all seinen Aspekten stets spontan im Einklang mit der Evolution verläuft. Das ist jetzt zum ersten Mal in der langen Geschichte der Menschheit möglich, da das vereinheitlichte Feld des Naturgesetzes in unserer Zeit entdeckt worden ist und uns die Technologie des vereinheitlichten Feldes zur Verfügung steht, um alle Aspekte des Lebens zu bereichern.

Das Wissen über das vereinheitlichte Feld ist für die Menschheit deshalb von so großer Bedeutung, weil es die Möglichkeit bietet, durch eine einzige Vorgehensweise das gesamte Wirken der Natur ganzheitlich zu steuern. Dadurch ist es möglich geworden, das kollektive Bewußtsein der ganzen Welt in positive Bahnen zu lenken und eine integrierte Völkerfamilie zu schaffen, in der jede Nation in ihrer vollen Würde erblüht und mit allen anderen Nationen in vollkommener Harmonie und in Frieden zusammenlebt.

Durch dieses grundlegende Wissen und die Technologie des vereinheitlichten Feldes sind alle bisherigen Lebensprinzipien im Grunde veraltet. Unsere Generation hat keine andere Wahl, als die dunklen Zeiten des Leidens und Kämpfens hinter sich zu lassen. Das vereinheitlichte Feld hat der Familie der Völker den Weg zur Vollkommenheit geebnet und damit eine neue Grundlage für das Zusammenleben geschaffen."

Der Begriff des „vereinheitlichten Feldes" ist, wie schon gesagt, der Quantenphysik entlehnt, und ich kann mir denken, daß er Maharishi wegen der Verwandtschaft mit religiösen Aussagen der Veden beglückt. Mich aber betrübt es zu sehen, welch eine esoterische „Technologie" aus meiner schlichten TM geworden ist. Den „Beweis" für die Richtigkeit des Effekts wie der Technologie erbringen laut Prospekt alle positiven Ereignisse, insbesondere 1987, als Maharishi das „Jahr des Weltfriedens" ausrief, die Erfolge auf diesem Gebiet. Das Informationsblatt sagt, „Maharishis Kriterien für den Erfolg dieses Weltfriedensprogramms sind:

- Beendigung internationaler Konflikte, erkennbar durch das Ende des Iran-Irak-Krieges;
- Beseitigung des Terrorismus, erkennbar z. B. am Frieden im Pandschab, Indien;
- Beendigung der gefährlichen Rivalität zwischen den Supermächten; erkennbar am Verschwinden der Angst in der Völkerfamilie."

Ein anderes, gerade aus Indien übertragenes Blatt erklärte das Staunen Präsident Reagans über seine Übereinkunft mit Gorbatschow („There is no way I really can explain how I came to be here") schlicht durch die TM-Anwendung der „Vedischen Wissenschaft".

Und dazu Maharishi: „Es ist erfüllend, erklären zu können, daß mit der Entdeckung des vereinheitlichten Feldes aller Naturgesetze durch die moderne Wissenschaft und der Entwicklung der Technologie des vereinheitlichten Feldes und angesichts der Autorität jeder Regierung und der Liebe, die ihr von der Bevölkerung entgegengebracht wird, jede souveräne Regierung alles für ihr Volk und jedes Volk alles für seine Regierung erreichen kann. Jede Nation besitzt nun die Möglichkeit, den Himmel auf Erden zu verwirklichen, einen Zustand, der bloßen Weltfrieden noch weit übertrifft."

Das „Jahr des Himmels auf Erden" hat Maharishi jetzt für 1988 ausgerufen. Was wird er 1989 verkünden?

Mir scheint, das „vereinheitlichte Feld des Naturgesetzes" ist auch ein verschleiernder Ausdruck für geistige Praktiken des Hinduismus. Jedenfalls schrieb mir 1978 einer seiner engsten Mitarbeiter:

„Maharishi sprach davon, daß es nötig sein werde, überall in der Welt sogenannte Yagyas durchzuführen, d.h. bestimmte vedische Handlungen, die einen ganz bestimmten Einfluß in der Atmosphäre erzeugen, um zum Beispiel den Frieden in einem bestimmten Gebiet wieder herzustellen, Dürreperioden abzuwenden usw. Diese bestimmten, genau vorgeschriebenen Handlungen können durchaus als wissenschaftliche, mit immer gleichem Ergebnis reproduzierbare Verfahren angesehen werden, durch Einflußnahme an einem bestimmten Ort eine gewünschte Wirkung an einem anderen hervorzurufen. In diesem Zusammenhang meinte Maharishi, daß uns die Welt dann fälschlicherweise als hinduistische Religion (gemeint: Vertreter hinduistischer Religion) ansehen könnte, da diese Handlungen in den Veden vorgeschrieben sind. Wenn die Menschheit aber das Resultat haben wolle – den Weltfrieden – müsse man dies in Kauf nehmen." So weit der Brief vor 10 Jahren.

Entgrenzungen

Zu den Wissenschaftlern, die weiter zu Maharishi hielten, gehörte auch der führende Streß-Forscher Hans Selye. Ihm war die TM eine willkommene Hilfe in seiner Arbeit, die zwischen positivem und negativem Streß unterschied. Am 22. Mai 1976 kam er nach Hamburg und sprach dort im Auditorium maximum der Universität auf einem TM-Symposium. Er sagte bei dieser Gelegenheit: „Maharishi bietet uns eine Technik an, die man leicht erlernen und durch die man sich gegen übermäßigen Streß schützen kann, um kreativ zu bleiben. Die von mir erarbeiteten biologischen Gesetzmäßigkeiten und die Technik der Transzendentalen Meditation von Maharishi Mahesh Yogi haben aber noch etwas Gemeinsames: Beide sind unabhängig von Religion, Politik, Philosophie, Ideologie. Beide Lehren beruhen auf Naturgesetzen."

Mir dagegen wurde immer deutlicher, wie sehr die Religion des Hinduismus im Hintergrund der Absichten Maharishis stand, natürlich für ihn völlig zu Recht. Bald sollte die harmlos-nüchterne Auffassung eines Wissenschaftlers wie Selye von den Entwicklungen in Seelisberg, Maharishis „Hauptstadt" am Vierwaldstättersee, überholt werden. Diese Entwicklungen mochten sich in seinem Geiste lange vorbereitet haben, für uns aber erschienen sie plötzlich – eines schönen Nachmittags, ich war wieder dabei. Wir hatten uns im Hotel um Maharishi versammelt, wir – die eingeladene ältere Generation, Wissenschaftler aus aller Welt, aber auch Eltern, insbesondere die der nun in langen Kursen verschwindenden „Gouverneure" und „Minister". Wir bildeten einen großen Kreis, und da die meisten Gäste englischsprachig waren, wurde die Gunst des Tages für einen Film genutzt, der wiederum Propagandazwecken dienen sollte. Wir wurden nacheinander aufgefordert, uns vor die Kameras zu stellen und unsere Eindrücke von den Entwicklungen der TM darzulegen.

Das beanspruchte viel Zeit, jeder sagte sein Sprüchlein, und ich wurde bald ungeduldig, weil nichts als immer die gleichen und ein wenig hohl klingenden Lobpreisungen zu vernehmen waren. Als die Reihe an mir war, war mein Bedürfnis nach einer offenen Sprache so groß geworden, daß ich ihm nicht widerstehen konnte. Mit anderen Worten: Ich machte meinem Herzen Luft! Ich sprach von der Gefährdung junger Menschen durch Hochmut und Lebensferne, wenn man sie allzu früh dem Alltag entziehe und sie mit inadäquaten Titeln und Würden belaste, und ich sagte wörtlich: „Leider habe ich in den letzten Monaten bei jungen TM-Vertretern einen Rückgang des Verantwortungsgefühls beobachtet, und zwar durch ein übermäßiges Wichtignehmen der Meditation!"

Maharishi hatte mir sprachlos zugehört. Jetzt griff er ein, hoffte es handelte sich nur um ein Mißverständnis. Er fragte: „Sie wollten sicher sagen, das Verantwortungsgefühl ist gewachsen?" „Nein", antwortete ich, „es nimmt ab." Und mit dieser Antwort stellte ich mich in scharfen Gegensatz zu allen Statistiken und Veröffentlichungen der „Maharishi-Forschungs-Universität" der Schweiz. Es war das Wort, das einen Sturm losbrechen ließ, eine „Erhebung" der älteren Generation. Die Kameras surrten weiter, aber statt der Lobpreisungen der ersten Stunde wurde nun scharf formulierte Kritik vorgebracht – ein ganz neues Ereignis in dieser Umgebung. Das Vorgebrachte war meist von der Art, wie man es knapp zwei Jahre später in dem Buch „Die Macht der süßen Worte" lesen konnte, wo ein urteilsfähiger TM-Praktikant (Lehrer) beklagt: „Überall dieselbe Gleichgültigkeit und Schlaffheit, die gleiche Überheblichkeit und gespielte Sicherheit, überall Zufriedenheit statt Engagement, überall Egoismus statt Nächstenliebe, überall der gleiche Glaube an Selbstverwirklichung statt Demut." Meditation war nicht mehr automatisch ein Wert!

Die Jungen hörten gelassen, unbeteiligt, vielleicht ein wenig überheblich zu: „Die Alten entstressen", war das vorprogrammierte Urteil. Und der Meister selbst blieb stumm. Als er nach dem Sturm, der lange und zerstörerisch getobt hatte, in üblicher Ruhe und Würde den Saal verließ, sah ich im Vorbeigehen seine Augen, und ich erkannte, daß er verletzt war. Das schmerzte. Ich fühlte mich schuldig, aber was geschehen war, war geschehen. Und schließlich sollte die Wahrheit ihm ja nur helfen, so meinte ich. Trotzdem verbrachte ich unruhige Stunden, bis wir uns am Abend wieder im großen Vortragssaal versammelten, in Erwartung der Festansprache des Meisters.

Sein Auftritt war umwerfend! Strahlend, beschwingt, von federnder Elastizität, gute Laune nach allen Seiten versprühend – ein großer Yogi zeigte, wer er war! Der

Vortrag war zunächst eine umfassende autobiographische Erzählung: Situationen im Leben, in denen große Entscheidungen gefallen waren; die Bestätigung dieser Entscheidungen durch ein frenetisch Beifall klatschendes Publikum (ten minutes!). Das erste Mal war es in Indien, als er Meditation für alle verkündete, dann in den USA das TM-Programm für das Abendland. Wenn es auch zunächst schockierend war, wie sie ihn mißverstanden: „Ich wollte ihnen Unsterblichkeit bringen, und sie sprachen von nicht mehr notwendigen Schlaftabletten!" Dann die Ausrufung des Weltplans, auf dem die Morgendämmerung des Zeitalters der Erleuchtung mit seiner Weltregierung sich aufbaute. Nun aber, und das war der Sinn des langen Rückblicks, die heutige Entscheidung, der Anbruch von etwas ganz Neuem in der Geschichte der Menschheit jetzt und hier! Nicht mehr einfach TM für alle, sondern geistige Vollendung für viele! Maharishi wollte die geheimen, esoterischen Höchstleistungen des Yoga herantragen an die, wie er sagte, „Kleinen, an die Unbekannten, an die Armen im Geiste" und nicht etwa, wie er hinzufügte, „an die hoffnungslos verspannten Professoren!"

Ich verstand sehr gut. Hier ging ein Mensch an die „Hecken und Zäune", weil er sich von den „geladenen Gästen" im Stich gelassen fühlte. Was nun aber war dieses Geheimwissen, was war diese geistige Vollendung, die sich in dem indischen Wort „Siddhis" ausdrückte? Er zählte ein paar dieser Vollkommenheiten auf: unsichtbar werden, die Sprache der Tiere verstehen, Licht ausstrahlen, klein wie ein Atom werden, durch die Luft fliegen. Mich packte beim Zuhören das Grausen. Stand hier ein Magier vor uns, ein Zauberer und falscher Prophet? Er lachte über unsere spürbaren Zweifel und erklärte, es gehe schließlich nur darum, auf die natürlich vorhandenen Fähigkeiten des Menschen zurückzugreifen, die dieser zu 90 Prozent brachliegen ließe. Seine alte These also vom zu wenig gebrauchten Gehirn, dessen schlafende Möglichkeiten man wecken konnte.

Ich war in Zweifeln, denn ich erinnerte mich, daß ja auch das Christentum in der Heiligen Schrift von Fähigkeiten spricht, die sich im Grunde mit unserem klassischen, streng kausal-deterministischen Weltbild nicht vertragen. Da stand Christus schon zu Lebzeiten im weißen Tabor-Licht, da ließ er den unfruchtbaren Feigenbaum auf der Stelle verdorren und sagte dazu seinen Jüngern: Das könnt ihr auch, wenn ihr Glauben habt (vgl. Mt 21,21). Da war die wunderbare Brotvermehrung bei der Speisung der Fünftausend und das Wandeln Christi auf dem Meer, wiederum auch eine Möglichkeit für den gewöhnlichen Menschen, denn Christus sagt zu Petrus: „Komm!", und auch Petrus wandelt auf dem Wasser, ehe ihn die Angst packt (Mt 14,22–33). Weiter die Prophezeiungen, die Totenerweckungen, Krankenheilungen, alles Dinge, die auch später den Jüngern als Fähigkeit zugesprochen werden. „Nichts wird euch unmöglich sein", hat Christus ihnen gesagt. Freilich immer unter der Voraussetzung des Berge versetzenden Glaubens (Mt 17,20).

Maharishi nun freilich sprach nicht von Glauben, sondern von Meditationstechnik, von Vertiefungskursen und dem Wissen der modernen, nicht mehr kausaldeterministischen Physik. Am sympathischsten war mir von den Siddhis (die TM schreibt „Sidhis") noch das Verständnis der Sprache der Tiere. Hatte man doch auch vom heiligen Franz von Assisi Ähnliches erzählt. Ich kaufte mir das Buch, das Maharishi uns als Grundlage der übernatürlichen Techniken genannt hatte. Es waren die „Yoga-Sutras des Patanjali", geschrieben zwischen dem 2. Jahrhundert vor und dem 4. Jahrhundert nach Christus. Hier fand ich nun in knappen Formulierungen alle Angaben des Meisters bestätigt und manches, was noch darüber hinausging. Aber ich war vom Patanjali positiver angesprochen, als ich erwartet hatte, zumal als ich sah, daß die Übungen zum Erwerb „übernatürlicher Fähigkeiten" mit einer Stärkung mitmenschlichen, liebevollen Verhaltens begannen: Freundlichkeit, Mitgefühl wurden als erstes „trainiert".

Es handelte sich bei Patanjali immer nur um ganz kurze, formelhafte Angaben, die offensichtlich der Auslegung durch erfahrene Meister bedurften. Nur zwei Beispiele: „Durch Beherrschung des verbindenden Atems wird der Körper leuchtend." Oder: „ Wendet der Yogi die Sammlung auf die Beziehung zwischen dem Körper und dem leeren Raum hin, und betrachtet er die Leichtigkeit (des Körpers) wie Baumwolle, so erlangt er die Fähigkeit, sich frei im Raum zu bewegen." Dieses Letztere ist die berühmte „Flug-Siddhi", auf die sich bald alle Aufmerksamkeit konzentrieren sollte, denn sie galt als die „Gesellenprüfung" der Siddhi-Kurse. Das war schlimm, denn der Wunsch, diese Fähigkeit des „Fliegens" zu erwerben, drängte bei vielen alles andere in den Hintergrund, verdarb das Geistige und das Menschliche. Oft meinte ich, Goethes Walpurgisnacht-Hexen reden zu hören. Allerdings wurde von Seiten der „Vernünftigen" bezweifelt, daß es sich bei solchen Flügen um anderes als Einbildung handeln könne. Kein

Außenseiter durfte bei den Übungen zusehen, also erklärten eilige Journalisten alles für Betrug. (Neuerdings werden Veranstaltungen für die Medien durchgeführt.)

Ich selbst wollte zwar keine übernatürlichen Fähigkeiten erwerben, aber ich war nach langem Schwanken an einem den Siddhi-Übungen vorgelagerten Vertiefungskurs interessiert, zumal ich noch niemals an Kursen mit langen Meditationen teilgenommen hatte. Ich meldete mich darum, halb neugierig, halb skeptisch, für vier Wochen auf der Schliersberg-Alm an, wo man, wie es in der TM-Sprache hieß, seine Runden drehte, das heißt, wo man die Anzahl der Meditationen in einem bestimmten Rhythmus steigerte und dann zur Rückkehr in den Alltag wieder „herunterdrehte". Wir gingen damals bis zu fünf Stunden Einzel-Meditation täglich, dazwischen waren Körperübungen (Asanas) zu absolvieren, Atemübungen durchzuhalten, Video-Vorträge zu hören, damit der Geist nicht einschlief. Dazu obligatorisch eine Gemeinschaftsmeditation und jeden Mittag eine Lesung aus der heiligen Hindu-Schrift der Bhagavad-Gita, von Maharishi übersetzt, kommentiert und herausgegeben. Oft ärgerte ich mich über diese „Gehirnwäsche", wie ich damals sagte, legte mich in eine Decke gehüllt auf den Fußboden und mimte Mittagsschlaf. Dann wieder sprang ich begeistert auf, um selbst weiter vorzulesen.

Besorgte Freunde aus München hatten mich bis an die Seilbahn gebracht, die zum Hotel hinaufführte, „in den Himmel entführte", wie sie ironisch sagten, und ich meinte bald durch sehr schöne Erfahrungen ihre Sorgen zerstreuen zu können.

Allerdings erlebte ich gleich in den ersten Tagen so

etwas wie einen Schock: Ein junges Mädchen begann zu „fliegen"! Ich hatte schon vernommen, daß die durch Versenkung erworbenen Fähigkeiten sich gleichsam atmosphärisch verbreiten können, daß besonders sensible Menschen plötzlich davon erfaßt, sozusagen „angesteckt" werden. Das geschah auf unserem Kurs, ich werde es nie vergessen: Wir saßen im großen Gemeinschafts-Meditationsraum rings herum an den Wänden und meditierten wie jeden Mittag. Der Raum war mit Matratzen ausgelegt, weil die drei Kursleiterinnen bereits „Siddhas" waren und dort täglich ihre „Flugübungen" veranstalteten, bei denen sie oft unsanft landeten, so daß man wie in den Häusern aller „Flieger" auf mit Matratzen ausgelegtem Fußboden herumwatete.

Hier war das ein Glück, denn – ich werde das nie vergessen, weil das Geräusch mich aufschauen ließ – auf einmal schnellte die etwa 17jährige mit im Lotussitz gekreuzten Beinen vor, einmal und noch einmal, hopp, hopp – die Füße auf den Oberschenkeln! Die Distanz dieser Hopser betrug jeweils etwa ein bis zwei Meter, die Höhe einen halben bis einen Meter. Ich war so erschrocken, daß ich einen Lachkrampf bekam, der mich minutenlang schüttelte – meine erste Begegnung mit einer absolut unerklärlichen, aber völlig deutlichen Erscheinung.

Und so war es von nun an in jeder gemeinsamen Meditation. Immer nach etwa 10 bis 20 Minuten vernahmen wir mit geschlossenen Augen das bald vertraute Geräusch des Hopsens und sahen, wenn wir ein wenig durch die Lider blinzelten, das Mädchen auf- und niedergehen und manchmal erst knapp vor unseren Füßen, die wir ängstlich wegzogen, landen. Aber sie lernte schnell, ihre Bewegungen zu steuern. Das Mädchen sah immer sehr glücklich aus bei ihrer Fliegerei, und sie berichtete von einer ungeheuren Freude mit Lichterscheinungen. Voraus gingen diesen Hopsern Schüttelbewegungen des Körpers oder, genauer gesagt, der Wirbelsäule, vor und zurück, bis dann plötzlich das Abheben erfolgte, einmal oder mehrmals hintereinander rhythmisch, wie wir am taktartigen Aufschlagen des Körpers vernahmen.

Dieses hopping, wie es englisch genannt wurde, wurde als eine Vorstufe zur Levitation betrachtet. Folgen sollte dem ein wirkliches langsames Aufwärtssteigen und kurz in der Luft Stehenbleiben, dem ein sanftes Sich-Senken folgte. Solche Berichte lagen aber nur sehr selten vor, gesehen habe ich dergleichen nicht. Aber das hopping, das ja auch schon unerklärlich war, kann ich bezeugen. Ich erlebte es auch später bei einer unserer Kursleiterinnen, als wir ein Fest feierten und eine bayrische Schrammelkapelle heraufgekommen war. Die junge TM-Lehrerin und Siddha saß vor mir in der ersten Reihe auf dem Stuhl, und als die Musik an einen Höhepunkt kam, sah ich, wie ihre Finger sich so fest um die Kanten des Sitzes klammerten, daß die Knöchel weiß wurden. Aber dann half es doch nichts: mit einem gewaltigen Schwung flog sie vorwärts, etwa zwei Meter vom Stuhl entfernt, und landete dort unsanft auf dem Boden. Sie hatte, so erzählte sie mir später, immer, wenn sie Musik hörte, die Schwierigkeit, daß sie dann das In-die-Luft-Gehen nicht mehr bremsen konnte.

Später, im Seelisberger Hotel mit seiner großen Flughalle, erzählten mir zwei absolut vernünftige und glaubwürdige Korvettenkapitäne von Flugzeugträgern der

USA, durch ihre Ausbildung als Piloten flögen sie besser als die anderen. Nicht nur gäbe es bei ihnen keine Zusammenstöße, sondern sie schafften es auch, Kurven zu fliegen. Sie hatten einen Riesenspaß an diesen Früchten ihres Berufes! Bald sah ich sie eifrig an Maharishis „Unbesiegbarkeits"-Programm mitwirken, das sich aus der Übereinstimmung mit „dem Naturgesetz" ergab. Wenn alle unbesiegbar waren, gab es keinen Krieg!

Ich las übrigens auch, daß christliche Heilige sich ebenfalls nicht nur geheimnisvoll „erhoben", sondern so heftig im Raume herumsausten, wie es in Maharishis Flughalle geschah. Ich selbst wurde von dem Gehopse nicht „angesteckt", machte nur einmal eine merkwürdige Erfahrung von Leichtigkeit, die sich nach der Meditation an ein Durchströmtsein von Seligkeit und Liebe anschloß. Sie hielt etwa 3 Stunden an. (Keine Muskelanstrengung beim Treppensteigen!) Danach war ich allen Kursteilnehmern sehr zugeneigt, besonders denen, die ich „eigentlich" nicht gemocht hatte.

Ich will nur ganz knapp einige meiner Erfahrungen andeuten. Denn wir wurden damals verpflichtet, tägliche Aufzeichnungen zu machen, und ich habe mir diese Aufzeichnungen wieder vorgenommen, um sie unverändert (und leicht verwundert) wiederzugeben.

In den ersten Tagen vermerkte ich vor allem den „Wachschlaf". Das ist ein Zustand, der eintritt, wenn die in der Meditation erfahrene tiefe, sehr wache Ruhe auch in den üblichen Aktivitäten durchgehalten wird. Sogar im Schlaf, der, weil er weniger tief ist als diese ruhevolle Wachheit, von ihr beobachtet wird. Ich sah mich also Nacht für Nacht schlafend liegen, konnte auch meine Träume beobachten, allerdings war das Zeitgefühl fast aufgehoben. So eine Nacht, in der man sich schlafend liegen sah, in der man das Heraufdämmern des Tages beobachtete, verging im Nu, und dennoch war man am nächsten Morgen ausgeruht. Maharishi nannte, wie schon erwähnt, diese dem Phänomen zugrundeliegende Gleichzeitigkeit von relativem und absolutem Bewußtsein „kosmisches Bewußtsein". Es war sozusagen die Grundlage für alle weiteren Erfahrungen.

Einmal fiel während meiner Meditation draußen ein rauschender Regen, und auf einmal hatte ich ein merkwürdiges menschliches Verbundenheitsgefühl mit der ganzen Welt. Es war so, als ströme dieser Regen auch in Afrika nieder, als sei ich verbunden mit Menschen, die ihn in Afrika auf ihrer dunklen Haut spürten.

Als weiteres notierte ich: „Ich empfinde ein so unglaubliches Glücksgefühl, daß es nicht mehr zu ertragen ist. Ich möchte um Hilfe rufen. Weinen schüttelt mich. Dann plötzlich tiefe Stille und vor mir eine riesige, transparente Gestalt. Dann bin ich selbst in dieser Gestalt, wie der Docht in der Kerze. Dabei denke ich: Gott, gib mir deine Liebe und Stärke, um sie weiterzugeben."

Und später: „Die Meditation beginnt mit einem Kribbeln, das die ganze Wirbelsäule hinaufsteigt und kurz auch in der Schädeldecke zu spüren ist. Ich fühle die Anziehungskraft der Erde. Im Augenblick tiefster Versenkung springt ein weißes, ovales Licht aus Unter- und Oberkörper."

Und schließlich: „Nach einer Nacht ruhigen Wachschlafes bringt mir die erste Morgenmeditation etwas ganz Neues: Eine schwebende Helle, raumlos, sonst nichts, 30 Minuten lang. Herrlich leicht und mühelos. Danach dann, in der anschließenden Gemeinschaftsmeditation, zuerst wieder das helle Schweben, in das keine Gedanken eindringen können; sie bleiben außerhalb, ein undifferenzierter grauer Strom, oder sie lösen sich auf wie eine Wolke. Dann wird aus der schwebenden Helle eine Lichtkugel, die mich ganz umschließt. Als sich mein Körper wieder meldet, nehme ich das Mantra. Da verwandelt es sich in eine regenbogenfarbene Sonne, einen Brennpunkt, der den Mittelpunkt der mich umgebenden Kugel bildet und Wellen aussendet. In mir steigt eine unsagbare Freude auf, ein Lichtkreis zieht sich um alle, die mit mir sitzen und meditieren. Beim Abschluß verstärkt sich noch alles."

Grundsätzlich: „Immer häufiger mache ich die Erfahrung, daß Herzschlag und Atmung nicht mehr spürbar sind und es zu einer Art Wechsel des Systems kommt. Die Atmung scheint sich jetzt innerhalb der Wirbelsäule zu vollziehen. Später besorgt dann die schwebende, helle Kugel, die meinen Körper umgibt, von ihrem Zentrum in mir das Atmen, das ich nun als einen geistigen Vorgang empfinde."

Als ich am Ende des Kurses meinen Gesamteindruck zusammenfassen soll, schreibe ich: „Der Körper denkt, der Geist atmet, das Herz lacht." Ja, das Lachen hatte mich den ganzen Kurs hindurch begleitet, ob ich wollte oder nicht. Zuerst als Schock, als ich die Flug-Siddhi ausgeführt sah, später dann immer wieder als Lösung innerer Bedrückungen und Verspannungen, die sich in ganzen Gelächter-Kaskaden befreiten (auch nachts!).

Bei der Rückkehr in den Alltag sollte mir dann allerdings das Lachen vergehen. Da nützte alles vorsichtige „Herunterdrehen" der Runden nichts, der Kreislauf war aus den Fugen! Ich wurde zwiespältig. Einerseits hätte ich gern die Meditationen auf dem Berg ein Leben lang fortgesetzt, andererseits fühlte ich mich den einfachsten Anforderungen des praktischen Lebens nicht mehr gewachsen. Die Sensibilisierung war groß und der Blutdruck zu niedrig.

Rien ne va plus

Die Rückkehr in den Alltag war wirklich schwierig, weil die tiefen und langen Meditationen meinen Blutdruck gesenkt, meinen Herzschlag und meine Atmung verlangsamt, meine Stoffwechselrate verändert hatten. Schon nach geringen Anstrengungen sank ich keuchend aufs Bett, blaß, mit tiefen Ringen unter den Augen. Und ging ich hinaus in die lärmende Betriebsamkeit des Tages, fühlte ich mich wie in eine Hölle versetzt, so stark und schmerzhaft drang das alles auf mich ein. Mein Gehör hatte sich unmäßig geschärft, so daß ich in meinem Reihenhäuschen vernahm, was in den Nachbarhäusern vor sich ging, bis hin zum Klappern der Kaffeelöffel auf den Untertassen! Hier mußte also etwas geschehen. Ich probierte es mit viel Bewegung und frischer Luft. Das half schon etwas, aber irgendwie war und blieb ich doch ein Außenseiter des Alltags.

Darum horchte ich auf, als mir ein TM-Erfahrener erzählte, ich müsse nur die ja auf Wirken in der Welt gerichteten Siddhis erlernen, um wieder stark und gesund alles bestehen zu können. Nun fühlte ich zwar grundsätzlich gegen die Siddhis eine tiefe Abneigung, aber ich hatte ja auch im Patanjali gelesen und gefunden, daß es für den Einstieg in die ganze Serie, die schließlich zum

„Fliegen" führen sollte, eine die Liebe stärkende Übung gab, die mir vielleicht doch guttun würde. Die Übung sollte Kraft geben, aus einer tieferen Nächstenliebe, so jedenfalls verstand ich es, zu leben. Das kam nun meinen Sehnsüchten sehr entgegen, und wenn man mir zugleich versicherte, allein die Technik der Siddhis würde mir schon helfen, wieder Kraft zu gewinnen, so dachte ich, ein Versuch könnte nicht schaden.

Ich fuhr zu Maharishi nach Seelisberg und trug ihm meinen Wunsch vor, den er nicht ungewöhnlich zu finden schien. Schon am nächsten Tag durfte ich diese einführende und stärkende Technik von seiner Stimme per Tonband erlernen. Das Tonband war sehr geeignet, weil es darum ging, bestimmte Zeitabstände, in denen man in tiefer Versenkung innerlich ein Wort wiederholte, ins Gefühl zu bekommen. Es war einfach und eindrucksvoll, denn die übliche TM-Versenkungserfahrung verstärkte sich noch einmal gewaltig, so als ob man eine tiefere Ebene erreicht hätte. Ich fragte mich, ob es eine Technik der Autosuggestion sei; und hielt das für wahrscheinlich. Aber ich konnte die Frage nicht beantworten, wußte andererseits aus den Computermessungen, daß der Zustand der Hypnose etwa sich ganz grundlegend von der ruhevollen Wachheit in der TM unterscheidet.

Natürlich war es schwer zu sagen, ob nun Freundlichkeit und Mitgefühl, die ich in mein Unbewußtes eingab wie in einen Computer, wirklich in mir wuchsen. Jedenfalls verspürte ich bei der darauf folgenden Programmierung nicht viel „Elefantenkraft" (so lautete das Suggestionswort), die eigentlich die Muskeln schwellen machen sollte. Bei mir tat sich da nichts. Vielleicht, weil ich über das Wort Elefantenkraft und die Vorstellung schwellender Muskeln immer lächeln mußte.

Ich nutzte die Tage in Seelisberg auch für einen wohlvorbereiteten Vortrag, und zwar über die musikalischen Beziehungen zwischen altindischer Musik und christlicher Gregorianik. Ich hatte früher einmal vergleichende Musikwissenschaft studiert und konnte da etwas sagen. Dabei lag mir sehr daran, schöne Dias christlicher Kirchenfenster zu zeigen, mit denen ich die musikalische Wirkung unterstrich. Maharishi erschien zu diesem Vortrag nicht. Es war das erste Mal, daß er mir sagen ließ, er würde ihn in seinem Zimmer vom Lautsprecher hören. Er schien zu ahnen, daß ich in einer gewissen missionarischen Absicht sprach. Und diese Absicht wurde bestätigt, als hinterher viele, sehr viele Studenten zu mir kamen und sagten, sie hätten ja nie gewußt, daß es eine so schöne alte christliche Musik gäbe, und dieser Gesang spräche viel mehr zu ihnen als die täglich bei Maharishi vernommene Veden-Rezitation der Pandits. (Hörten wir doch diese Gregorianik wieder in unseren Kirchen!)

Ich schwankte in diesen Tagen also zwischen Dankbarkeit und trotziger christlicher Selbstbehauptung. Vielleicht war es gerade das Durchleben dieses Zwiespalts, was mich stärkte. Als ich mich nach einigen Tagen morgens vom Meister verabschiedete, sagte er zu mir: „Wenn Sie im kosmischen Bewußtsein leben, ist es doch gleichgültig, wo Sie sind. Sie könnten also auch hierbleiben." Und ich konterte: „Wenn es gleichgültig ist, wo ich lebe, kann ich auch nach Hamburg fahren." Und ich fuhr.

Wieder zu Hause, machte ich bald die Erfahrung, daß

ich mit der Technik der Siddhi-Übungen völlig „abdriftete", das heißt, zwischen der Wiederholung eines Wortes, die im Abstand von 15 Sekunden zu erfolgen hatte, verging bei mir unter Umständen eine Stunde, weil ich kein Zeitgefühl mehr hatte. Das brachte nun wieder die negativen Wirkungen der Reduktion aller physischen Funktionen mit sich, also das Gegenteil des gewünschten Effekts, wenn ich das auch nicht der Siddhi-Übung selbst, sondern meiner falschen Ausführung zuzuschreiben hatte.

Zugleich hatte ich mir einige Broschüren der MERU (Maharishi European Research University) mitgenommen und studierte nun, wie man dort die Siddhis verstand und erklärte. Und da packte mich wieder der Schrecken, vielleicht noch stärker als damals auf dem bayrischen Berg, als ich das junge Mädchen vom Boden abheben sah. Denn so sehr auch diese Erläuterungen die moderne Physik bemühten, schien mir doch der Kern der Sache, gerade auch wie ihn Maharishi selbst darstellte, reine Magie zu sein, jedenfalls für ein christliches Verständnis. Denn ich las folgendes: „Die Sidhas gewinnen zunehmend Meisterschaft über die Naturgesetze und erfahren gleichzeitig spontane Unterstützung ihrer Wünsche in allen Lebensbereichen" (TM-Lehrer). Und noch schärfer formuliert: „Die Erfahrung der TM-Sidhis hat uns gezeigt, wie überaus einfach, natürlich und spontan der Bereich der unbegrenzten Kreativität tief in uns belebt werden kann – ein feiner Wunsch genügt, und das gewünschte Ergebnis tritt ein. Wir erkennen aufgrund dieser Erfahrung, daß unsere eigene Natur, unser eigenes Selbst, überaus mächtig ist ... Damit lernen wir gleichzeitig jene allmächtige Kraft in Bewegung zu setzen, die der gesamten galaktischen Aktivität zugrundeliegt." (Maharishi, Übersetzung TM-Lehrer). Auch hörte ich Maharishi in Vorträgen immer begeistert wiederholen: „Wir bewegen das Absolute!" Ich begann, während er sprach, das Vaterunser zu beten.

Denn mir schien: Hier versucht der Mensch, bewußt und selbstherrlich in das Wirken der Naturgesetze einzugreifen. Für den durchschnittlich Entwickelten ergibt sich hieraus die Gefahr ihrer Pervertierung, des ichsüchtigen Strebens nach Gottgleichheit. Der Fall Luzifers! Für Maharishi dagegen liefen die Untersuchungen an seiner Universität schlicht unter dem Thema „Erforschung des Bewußtseins als eines Bereiches aller Möglichkeiten", stets verbunden mit den neuesten Kenntnissen der nicht mehr „objektiven", sondern das Bewußtsein berücksichtigenden Kernphysik. Ich fragte damals wie heute P. Sudbrack: „Wie schnell darf eine Einheitsformel aus der heutigen Atomphysik als Abbild für Einheit und Einheitlichkeit der Wirklichkeit gedeutet werden?" Ein deutscher Gelehrter schrieb:

„Der Schlüssel zu Erlangung der Siddhis ist ein Vorgang, den Patanjali als Samyama bezeichnet (‚Zusammenführen'). Er besteht aus drei Komponenten: 1. Erfahrung des reinen Bewußtseins, Samadhi genannt (‚Gesammeltsein des Denkens'), 2. einer bestimmten Vorstellung im Zustand des reinen Bewußtseins, Dharana genannt (‚Festhalten'), 3. das Transzendieren dieser Vorstellung, Dhyana genannt (‚Versenkung, Meditation').

Samadhi ist die Basis des Samyama. Es ist ein ‚Bereich aller Möglichkeiten', aus dem durch den Vorgang des

Dhyana mittels eines bestimmten Dharana eine dieser Möglichkeiten realisiert wird. Die Dharanas lassen sich hierbei mit Programmen vergleichen, die man in einen Computer eingibt, oder besser von Knöpfen, die man drückt, um ein fest eingebautes Programm abzurufen. Das Resultat dieses Programms – eine Siddhi – erscheint nahezu augenblicklich. Maharishi drückt dies auch wie folgt aus: ‚Im Zustand der Erfüllung muß jeder Wunsch notwendigerweise sofort erfüllt werden.'" (Papentin) Da kommt es wohl ganz auf das Bewußtsein des Wünschenden an!

Wie sehr hatte sich der Meister in den sechs Jahren, die ich ihn kannte, verändert! Wie anders lautete jetzt die Antwort auf die Frage eines Studenten: „Maharishi, was ist Gottesliebe?" Es knallte wie ein Pistolenschuß: „A brainfunction" (eine Hirnfunktion). Ich war traurig. Die wesentlichen Gaben des Meisters schienen mir unter einem Gestrüpp unverständlicher und unangebrachter Wissenschaftlichkeit zu verschwinden. Mußte das Neue Zeitalter so unmenschlich sein?

Nun wurden ja an die Siddhi-Übungen sehr junge Menschen herangeführt, entwickelt nur im meditativen Können und ohne eigentliche Leitung, denn Maharishi verstand sich nicht als Guru, sondern nur als ein Richtliniengeber von Techniken, die aus sich selbst heraus zum Rechten führen sollten. So war es menschlich sehr verständlich, daß sich die Aufmerksamkeit der angehenden „Siddhas", der „Vollkommenen", weniger auf die Tatsache richtete, daß es sich dabei nur um eine Durchgangsstufe zum höchsten Bewußtsein handeln sollte, sondern auf die Beherrschung der übernatürlichen Möglichkeiten selbst, auch wenn sie keine hohen

Ziele anstrebten. So erzählte man mir begeistert von der Fähigkeit, sich aus dem Nichts heraus den Geschmack von Schokolade zu verschaffen oder vom „wissenden" Blick durch Wände, in die Vergangenheit oder Zukunft und vor allem vom Prüfstein des Fliegens: wann, wie oft, wie hoch, wie weit! Und da kam es auch bald unter den Übenden zu einem heftigen Wettstreit, der Freundschaften und Ehen gefährdete. Die Sucht, alle an übernatürlichen Fähigkeiten, symbolisiert im „Flug", zu überflügeln, brachte jene menschlichen Eigenschaften hervor, die der Christ meiden sollte: Ehrgeiz, geistliche und geistige Habsucht, Hochmut. Ja, der Wunsch, etwas Besonderes zu sein, schien viele zu beherrschen. Mir selbst wäre es nicht anders ergangen, wenn ich alles dieses erlernt hätte. Sind doch die Übungen nur für solche gedacht, die schon im Gottesbewußtsein gefestigt sind.

Ich war entsetzt und betrübt, was aus einer anfänglich so guten und wohltuenden Technik wie der TM geworden war. Ich konnte dieser naturwissenschaftlich gestützten Veden-Magie nicht folgen. Und als ich noch überlegte, daß und wie ich mich hier distanzieren müsse und könne, kam mir Maharishi selbst ungewollt zu Hilfe. Mir wurde von mehreren Zeugen aus Seelisberg berichtet, wie er sich plötzlich öffentlich mit ganz unfaßbarer Heftigkeit gegen das Christentum geäußert hatte. Anlaß waren wohl Schwierigkeiten mit den mißtrauisch gewordenen Kirchen, besonders in der Bundesrepublik. Der Meister, der sonst stets den Wert aller Weltreligionen betont hatte, war temperamentvoll aus der Rolle gefallen. Nun berührte es mich zwar immer sympathisch, wenn dieser allem Banalen entrückte Yogi sich auch einmal als menschlich-allzumenschlich erwies. Aber ich konnte als Christin eine wirkliche Beschimpfung des Christentums als „Mörderreligion" und der Priester als „Diener der Hölle", so hatte man mir berichtet, nicht einfach hinnehmen. Ich empfand es als eine Kränkung für Jesus Christus, und das ertrug ich nicht. Der Gedanke der Trennung erschien am Horizont.

Dennoch tat es mir sehr leid um meine vertrauensvolle Liebe zum Meister, um seine in mich gesetzten Erwartungen, um die positiven Erfahrungen mit der TM, und ehe ich handelte, ging ich für eine Woche auf die Insel Sylt, wo mir eine Freundin ihre Wohnung zur Verfügung gestellt hatte. Es war allerdings Dezember, es wurde früh dunkel, es stürmte und regnete, und ich lief täglich triefend am Meer entlang, um mir dann abends beim Schein meiner einsamen Lampe einen Brief zu überlegen, den ich immer wieder zerriß. Aber schließlich, nach einer Woche, fiel er sehr klar und einfach aus: Ich sagte Maharishi, ich sei Christus schon in den Sakramenten gegeben worden – als Säugling in der Taufe, als erwachsener Mensch in der Firmung, zumal ich ja auch mit 30 Jahren mit einem großen JA zur katholischen Kirche konvertiert war. So zwinge mich nun der Zwiespalt, in den mich seine Äußerungen stürzten, um Jesu Christi willen zum Abschied.

Als der Brief im Kasten war, packte ich meine Sachen und fuhr nach Hause – müde und erleichtert. Die Antwort des Meisters ließ nicht lange auf sich warten. Ich spürte ein Verstehen in diesen Zeilen, die mir am Ende sagten, wenn sich nun auch unsere Wege trennten, werde doch seine Liebe mich immer begleiten, und ich könne jederzeit zurückkommen. Ein echter, großer Yogi-Brief! Gewiß nicht die Reaktion eines Unerleuchteten. (Bei Christine Brückner las ich eben: „Es gibt etwas zwischen zwei Menschen, das so kostbar ist, daß es sofort zerbricht. Man kann es nicht kitten. Man kann nur fortgehen." Ein Frühling im Tessin).

Einer von Maharishis jungen Mitarbeitern machte noch den ebenso rührenden wie ungeeigneten Versuch, mich umzustimmen, indem er mir schrieb: „Maharishi hat uns allen durch seine Weisheit überhaupt erst das Verständnis unserer eigenen Kultur und des Christentums ermöglicht. Ohne Maharishi wären die meisten von uns totale Heiden – in jeder Beziehung. Dafür sollte die Kirche Maharishi in höchstem Maße feiern und loben. Sie sollte sich ihn zum Vorbild nehmen und zu ihrem eigenen Nutzen das Wesentliche seiner Lehre integrieren."

Ich aber lobte Jesus Christus und wanderte schon auf einem neuen Weg. Nur war der etwas steinig.

Sicher war, daß ich bei einem so klaren Trennungsstrich, wie ich ihn gezogen hatte, auch nicht weiter die gute Technik mit dem vom Meister gegebenen Mantra benutzen konnte. Nun war ich aber nach sieben Jahren Meditation genug in die Dinge eingeweiht, um zu wissen, daß man eine solche mit tiefster Ruhe verbundene Übung nicht einfach von einem Tag zum anderen aufgeben durfte. Das hätte einen physischen und nervlichen Zusammenbruch gebracht. Was also tun? Ich griff zum Nächstliegenden, zum Rosenkranz. Erstens brachte er mir die gewünschte Konzentration auf Jesus Christus, und zweitens lebte auch er ja von einer Wiederholungstechnik, die mich freilich schon nach sehr wenigen Wiederholungen in die bekannte tiefe Stille führte. Dennoch war ich nicht zufrieden, ich suchte einen neuen Aufbruch, ein neues, christlich vertieftes Wegstück. Ich hatte das Gefühl, daß mein eigentliches Leben erst beginnen sollte. Aber wie?

Ich erinnerte mich der christlichen Orden, zu denen ich bisher als Konvertitin nie ein rechtes Verhältnis gefunden hatte. Zunächst fiel mir ein Benediktinerinnen-Kloster ein, und ich fragte höflich an, ob man dort bereit sei, mich – wie ich es nannte – meditativ zu christianisieren. Man lehnte ab. Eigentlich hätte ich lieber bei Karmelitinnen angefragt, denn seit meiner Studienzeit waren mir die Heilige Teresa von Ávila und der Heilige Johannes am Kreuz lieb und bis zu einem gewissen ahnungsvollen Grade bekannt. Aber ich dachte, in Deutschland gäbe es keine Karmelitenklöster. Umso erstaunter war ich dann, als man mich geistlicherseits belehrte, daß es in Deutschland etwa 20 Karmelitinnenklöster gibt, von denen ich mir nun auf Empfehlung eines auswählte und wieder meine Bitte vortrug. Von hier, einem Kloster in der Eifel, erhielt ich eine freundliche, aufmunternde Zusage.

Teresa de Jesús
(Rubens-Schüler)

Karmelitergeist

Vielleicht hätte ich mich über die Siddhis christlich gar nicht so erregen müssen, denn schließlich traute ja, wie schon gesagt, auch Christus seinen Jüngern Ähnliches zu, ganz abgesehen von seinem eigenen Beispiel. Aber als ich das in der Bibel nachlas, fand ich doch, hier wehte ein anderer Geist. Niemals wurde zu den Jüngern gesagt: Ihr müßt mit der und der Technik in so und so viel Zeit über die und die Worte meditieren, dann werdet ihr gottgleich die Natur beherrschen.

Ein anderer Geist – das wurde mir so richtig klar, als ich eine Woche im Kloster der Karmelitinnen verbrachte. Es war meine erste Begegnung mit einem Kloster überhaupt. Klopfenden Herzens hatte ich den Bus bestiegen, der mich die letzte Strecke dorthin bringen sollte, und erfreut entdeckte ich vor mir zwei Ordensschwestern, deren Tracht ich nicht kannte. Sie stiegen mit mir zusammen aus und erwiesen sich als Karmelitinnen – die ersten meines Lebens! – die aus dem Rheinland kamen und, wie ich, einige Tage im Eifelkloster zu Besuch weilen wollten. Das erfuhr ich, als ich meinen Mut zusammennahm und sie beim Aussteigen ansprach. Sie nahmen mich sofort mit großer Herzlichkeit zwischen sich, so daß ich – „Prophetin links, Prophetin rechts, das Weltkind in der Mitten" – in einer ganz unerwarteten Weise auf die Klosterpforte zumarschierte.

Dort verlief dann alles ganz unkompliziert. Ein freundlicher Empfang, Ergreifen meines Koffers, und schon ging es die Treppe hinauf zu meinem Zimmer. Ich schaute die Schwester, die mir meinen Koffer entrissen hatte, beim Steigen an und sagte plötzlich: „Schwester, Sie schweben ja!" Wirklich schien es mir unglaublich, es erweckte geradezu Reminiszenzen an die Schliersberg-Alm, als ich sah, mit welcher Leichtigkeit hier eine zarte Person mit meinem schweren Koffer die Treppe hinanstieg. Sie zwitscherte, fröhlich über das Geländer geneigt, zurück: „Das macht das immerwährende Gebet!" Ich freute mich – ein neues Wort, eine christliche Realität, der auf den Grund zu gehen ich gekommen war.

Gleich am nächsten Morgen begann mein Unterricht, erteilt von einer jüngeren, herzlich-natürlichen Schwester, deren lebendige, dunkle Augen mit den schön gezeichneten Brauen eine Ähnlichkeit mit dem Gesicht der heiligen Teresa bewiesen, das die Wand hinter ihr schmückte. Schnell zeigte sich: Wir hatte beide den besten Willen, aber nicht immer ist ein Weg, wo ein Wille ist. Ich konnte wohl auch nicht recht ausdrücken, was ich eigentlich wollte, denn ich sprach von meiner „Christianisierung", womit ich eine in der Meditation wortlos vertiefte Christus-Beziehung meinte, ohne daß ich meine nie verlassene „Christlichkeit" erwähnte.

Das mußte für einen Außenstehenden, der meine Geschichte nicht miterlebt hatte, recht unverständlich sein. So gab sich die Schwester auf ihre Weise alle nur erdenkliche Mühe. Sie schleppte ganze Stapel guter Bücher herbei mit Christus-Leben, mit Gebets- und

Meditationsanweisungen, sie berichtete von ihrem eigenen Vorgehen beim inneren Beten. Und ich vernahm dieses alles in Liebe und mit Staunen wie aus großer Ferne.

Vor allem die Bücher, die wegen des Sprechgitters stets mühsam durch die „Winde" auf meine Seite gedreht wurden, nahm ich aus Höflichkeit immer mit auf mein Zimmer, kam aber nie dazu, viel mehr als die Inhaltsverzeichnisse zu überfliegen. Teils, weil es zu viele Bücher waren, teils, weil ich daran gewöhnt war, zweimal am Tag eine längere Zeit im Gebet zu verbringen. Nun hatte ich hier das christliche „Wie" erlernen wollen und wußte doch nicht weiter. Denn alles, was man mir gab und erklärte, war erfüllt von Worten, Gedanken und Bildern.

Natürlich meinte man, daß ich gerade dieses brauchte in meiner gesuchten Christus-Zuwendung. Ich aber meinerseits fand zwar auch das gut, sah auch ein, daß ich, wie in alten Zeiten, wieder nachdenken mußte über die Stationen im Leben und Leiden Christi, aber ich wußte, es konnte für mich in meinem damaligen Stadium des Übergangs immer nur ein Einstieg in die stille, gedanken- und bildfreie Weise des Betens sein. Gerade das brauchte ich ja aus den schon erwähnten, nicht nur seelischen, sondern auch physiologischen Gründen.

Aber wo das Verstehen versagen mußte, half mir der Geist des Klosters. Auch noch in meinem Zimmer spürte ich diese von Liebe und Glauben erfüllte Stille, die alles Tun und Arbeiten der Karmelitinnen begleitete, fühlte die Hoffnung, die alles Vertrauen nicht in sich selbst setzt, sondern in die Barmherzigkeit des Herrn. Manchmal ging ich zur Zeit des „inneren Gebets" in die Kirche, wo ein Teil der Nonnen schweigend meditierte, manchmal blieb ich auf meinem Zimmer, legte mich aufs Bett und ließ einfach nur die Atmosphäre auf mich wirken. Das war das noch tiefere Gebet. In mir spürte ich jenes geheimnisvolle Wehen, das sich in meiner Vorstellung immer mit dem Heiligen Geist verbindet. Das Kloster war erfüllt davon, und ich wandelte mich in dieser ganz besonderen „Luft". So schrubbte ich unaufgefordert mit Begeisterung täglich das Gästeklo – eine Arbeit, die mich früher mit tiefem Widerwillen erfüllt hätte; jetzt machte sie mich fröhlich.

Ich liebte das während der Tagesarbeit im Kloster durchgehaltene Schweigen, es war mir nicht neu, hatten wir doch auch bei Maharishi unsere festen Schweigetage gehabt. Nun wollte ich aber auch bei den Mahlzeiten, die ich mit einem sympathischen geistlichen Herrn einnahm, gern schweigen. Er aber, höflich, dachte, er müsse mich unterhalten, und wegen meiner akademischen Titel bemühte er sich, daß diese Unterhaltung recht gebildet, wenn nicht gar wissenschaftlich ausfiel. Bis ich es nicht mehr aushielt und ihn bat, doch während der Mahlzeiten nur das Notwendigste zu reden. Er war großherzig, und wir beschränkten uns nun also zwei Tage lang auf „Möchten Sie noch etwas Brot?" und „Darf ich Ihnen den Kaffee einschenken?" – „Bitte!" – „Danke!" – Dann hielt ich es abermals nicht mehr aus und sagte spontan: „Herr Pater, dieses Schweigen verbindet uns menschlich in einer Weise, die ich wirklich nicht beabsichtigte. Bitte, lassen Sie uns wieder reden!" Und nun unterhielten wir uns wieder, aber jetzt ging es ganz einfach. Wir hatten ja beide die Erfahrung einer tiefen Verbundenheit gemacht und waren dann froh über das leichte, distanzierte Plätschern des Alltags. Ich dachte: Wie sehr muß eine Schwesterngemeinschaft zusammenwachsen, in der so viel geschwiegen wird. Zumal aller Schweigen sich auf den einen Herrn richtet. Karmel – das war ein Eremitenleben in Gemeinschaft, war Gelöstheit in Schweigen, Heiterkeit in Strenge, Arbeit in innerlich fortschwingender Kontemplation, Liebe auch im kleinsten Detail. Also Reichtum, Fülle! Der Geist Teresas, sagte man mir. Der Heilige Geist, dachte ich.

Zweimal täglich während einer ganzen Stunde verdichtete sich die geistige Atmosphäre zur „klingenden Einsamkeit und lautlosen Musik", wie Johannes vom Kreuz gedichtet hatte; denn dann knieten die Schwestern, gemeinsam oder einzeln, in ihrem „inneren Gebet". Ich versuchte herauszubekommen, was darunter zu verstehen war, aber das schien individuell sehr verschieden. Später zu Hause schlug ich nach und fand dafür traditionell ebenfalls die verschiedensten Bedeutungen. Sie reichten vom nur gedachten Gebet, das im Gegensatz zum mündlichen stand, bis hin zum völlig wortlosen Schweigen, der „Kontemplation", wie die christliche Tradition sagte, das ich von meiner Transzendentalen Meditation her so gut kannte und nun christlich suchte. Ja, so war es, ich wollte sozusagen ein christliches Schweigen – ein Schweigen in Jesus Christus, mit Jesus Christus. Aber durch den Verzicht auf das Mantra fehlte mir der Einstieg, und so betete ich auf verschiedene Weise. Zum einfachen, hingegebenen Schweigen gesellte sich der Rosenkranz, der in dieser Atmosphäre eine bisher noch nicht gekannte Vertiefung erfuhr. Ich verwandelte mich beim Beten gewissermaßen in verschiedene Personen. Erst war ich der Engel Gabriel, der sprach, dann war es Christus selbst, den ich wirkend in mir spürte, und am Ende sprach ich für die ganze Menschheit. Es war wie das große Einheitserlebnis damals auf der Schliersberg-Alm: Alle Menschen rund um die Erde schienen mit mir das „Bitte für uns Sünder jetzt und in der Stunde unseres Todes" mitzusprechen.

Auf der Suche nach dem inneren Gebet fragte ich natürlich auch nach den Schriften der heiligen Teresa von Ávila oder des heiligen Johannes vom Kreuz – also nach den Schriften der „Ordenseltern". In meiner Naivität hatte ich mir vorgestellt, alle Karmeliten müßten Spanisch lernen, um die Schriften dieser beiden Kirchenlehrer der Mystik lesen zu können. Aber weit gefehlt: Spanischkenntnisse schienen mir im deutschen Orden eher die Ausnahme zu sein. Und mit den deutschen Werken hatte es auch seine Schwierigkeit, denn vor allem bei Teresa, die mir einfacher schien als Johannes, gab es nur eine sprachlich recht veraltete Übersetzung, die niemand mehr gern las. Auch bereiteten den Jüngeren die Drucktypen Schwierigkeiten. Hinzu kam, daß diese Bände so teuer waren, daß man sich pro Kloster nicht mehr als von jedem ein Exemplar leisten konnte. Infolge dessen standen sie viel unbenutzt herum, weil keine Schwester sie der anderen fortnehmen wollte. Ich hatte zunächst eine nur sehr vage Vorstellung von der Bedeutung dieser Schriften. Am besten kannte ich noch aus meiner Studienzeit die Gedichte des Johannes vom Kreuz, die ich aus purer Begeisterung übersetzte, als ich 1957 zur katholischen Kirche konvertierte. Die Ahnung, die mir diese Gedichte vermittelten, hatte mich auch gleich so aufgeschlossen gemacht für die TM.

Nun wollte es aber der Zufall, daß eines schönen Nachmittags, als ich im Sprechzimmer wartete, wohin man mir zum Probieren ein Fläschchen des hochprozentigen Gebräus „Karmelitergeist" bringen wollte, mein Blick auf den Schriftenständer fiel, der dort für Besucher aufgestellt war. Es waren vor allem kleine Schriften, Traktätchen und ähnliches, die sich dort fanden, und mein Auge wurde magisch angezogen von einem schmalen, blauen Heftchen mit der weißen Aufschrift: „Christliche Tiefenmeditation". Ich war wie elektrisiert, denn das war es ja, was ich suchte! Ich nahm das Heftchen und schlug es auf; es war von Pater Camillus Lapauw, wie man mir sagte, ein alter, gütiger Wiener Karmelitenpater mit großer innerer Erfahrung.

Voller Spannung vertiefte ich mich in die Lektüre und las: „Echt christliche Meditation gibt sich nicht zufrieden mit einer Ichfindung, einer Selbstverwirklichung. (...) Der Christ weiß im Glauben sein persönliches Ich vom personalen Du Gottes angesprochen, und er erkennt auch im Glauben, daß dieses Wort eine Ant-Wort fordert. (...) Eines dürfen wir nicht übersehen, denn es ist der fruchtbarste Ansatz für eine christliche Meditation: Das Du des Vaters, das Du des Sohnes, unseres Herrn Jesus Christus, das Du des Heiligen Geistes wohnen in uns, sie sind bei uns ‚zu Hause'. Darum ist christliche Meditation von ihrem Wesen her ein liebendes Miteinander, eine Gemeinschaft der Liebe."

Dann ein Hinweis auf einen weiteren Aspekt christlicher Meditation: Die hauptsächliche Frucht dieser Übung ist nicht die Erleuchtung, wie heute so oft zu hören sei. So kostbar dieses Licht auch ist. Für den Christen heißt das Hauptziel ‚Liebe', Vermehrung der Liebe. „Wir sprachen schon davon, daß der Christ Gott Ant-Wort zu geben hat. Worin sonst könnte diese Antwort bestehen als in unserer ganzen Liebe, in der Gabe unseres ganzen Herzens?" Und dann folgte ein Zitat der heiligen Teresa von Ávila, der Ordensmutter des Johannes vom Kreuz.

Unter dem blauen Heft entdeckte ich noch ein zweites, orangefarbenes: „Meditation und Gebet", vom gleichen Autor. Hierin fand ich zu meiner Freude auch eine Verteidigung meines bisherigen Weges, so daß für mich die Freude an der guten Klosteratmosphäre nicht in Gewissensbisse umschlug. Ich freute mich, wie Pater Camillus sehr klar gegen jene Kirchenkreise Stellung bezog, die sich überhaupt gegen Meditation wenden:

„Als aber Robinson – und andere mit ihm – die Behauptung aufstellte, nur der Dienst an den Brüdern sei wahres Gebet, wurde Gebetseinkehr als individualistisches Feinschmeckertum und Meditation als krankhafte Inversion abgetan. Der Verfasser hörte einmal einen Priester im Scherz sagen: ‚Wer heute noch einen Hang zur Innenschau, zur Nabelschau in sich verspürt, der gehört psychiatriert.'

Das Christsein drohte, zu bloß äußerlicher Mitmenschlichkeit und rein innerweltlichem Aktivismus zu entarten. Doch der Heilige Geist lebt, und sein Wirken in der Kirche Christi ist nicht zu Ende. (...) Er war es auch, der in immer breiteren Kreisen ein reges Interesse für Meditation und ein tiefes Verlangen nach Innerlichkeit und Selbstfindung weckte. Läßt sich der Mensch erst einmal auf sein wahres Ich ein, sucht er ehrlich nach dem Sinn seiner Existenz, dann kann Christi Geist ihn zur Entdeckung der fundamentalen Ausrichtung auf das Du Gottes führen. Ein solcher Mensch ist offen für Gottes Wort, für den Hauch des Heiligen Geistes, denn wo immer ein Mensch sich sammelt, dort kann Gottes Pneuma die Fülle der Gebetsintimität und der apostolischen Dynamik schenken. Darin liegt auch der Grund, warum wir diesen ‚Trend nach Innen', diese sogenannte ‚Meditationswelle' nicht als Modeerscheinung abtun, sondern ihr als ‚Zeichen der Zeit', als ‚Kairos Gottes' große Bedeutung beimessen und in ihr ein Gnadenangebot und eine Gestalt der Erlösung Christi in unserer heutigen Welt sehen sollten. Jeder Glaubende sollte in irgendeiner Form von dieser Bewegung Gebrauch machen."

So hatte ich ins Kloster fahren müssen, um diese Heftchen zu finden. Mit ihnen war mir der Schlüssel gegeben für den gesuchten Weg meiner meditativen Christianisierung. Als ich wieder nach Hamburg zurückkehrte, blieb in der durchbeteten Zelle meiner liebenswerten Helferin ein Foto Maharishis zurück. So hatte auch er Teil an meinem neuen Weg. Auch verdanke ich ihm mein schnelles Verstehen des „immerwährenden Gebets", von dem bei meinem Klostereinzug die Schwester auf der Treppe gezwitschert hatte. Er nannte das „das Bleiben des Absoluten im Relativen" – und ich kannte es als das „ermeditierte" Lebensgefühl einer liebevollen Ruhe und Nichtverhaftung in allem Tun.

Spanische Entdeckungen

Als ich dann mit meinen Erfahrungen eines guten christlichen Geistes und den mir von einer gütigen Vorsehung zugespielten Hinweisen des Paters Camillus wieder nach Hause kam, war die Frage, wo ich denn nun ansetzen sollte, denn der Möglichkeiten waren viele.

Nun war das Nächstliegende eine Lektüre der von P. Camillus zitierten Teresa von Ávila, deren Werke ich in spanischer Sprache und deutscher Übersetzung besaß, ohne wirklich hineingeschaut zu haben. Von dem spanischen Originaltext war ich bald völlig gefesselt, denn noch nie hatte über die Jahrhunderte hinweg ein Mensch so spontan und familiär zu mir gesprochen. Ich war zunächst auch völlig verblüfft, wie unbefangen sie über ihre Erfahrungen berichtete, und ich konnte dadurch manches aus meinen TM-Erleben besser einordnen, zumal ich nach der Antwort auf bestimmte an Maharishi nie gestellte Fragen nun in diesem Werk suchte wie ein Leser nach dem Täter eines guten Kriminalromans. Die Lektüre war also spannend, sie ließ mich nicht los! Aber auf der anderen Seite sah ich sehr wohl, daß die berichteten Methoden nicht ganz einfach waren, jedenfalls nicht, wenn man sie weitergeben wollte, denn die heilige Teresa hatte sehr starke Entwicklungen und verschiedene Schulen durchgemacht, weshalb sie im Laufe der Zeit auch bestimmte Phasen der Kontemplation immer wieder anders beschrieb und definierte.

Ich geriet darum in äußerste Aufregung, als ich an die Stelle gelangte, an der sie ihren eigenen Meister angab, nämlich ein Buch aus dem Jahr 1527, das in ihrem Jahrhundert als kontemplativer Bestseller viele Auflagen und Raubdrucke erfuhr. Es war das dritte geistliche ABCdarium des Francisco de Osuna, und ich war dankbar, dieses Buch in einer alten, fleckigen und offensichtlich kaum benutzten Ausgabe in unserer Seminarbibliothek vorzufinden. Ein neuer Krimi also, in dem ich gespannt blätterte! Nur war diesmal der „Täter" noch schwerer aufzufinden als bei der heiligen Teresa. Denn Osuna hatte aus formalen Gründen den kontemplativen Aufbau umgestellt, so sehr lag ihm daran, der damaligen Mode eines „ABCdariums" zu folgen: das heißt, die Überschriften der Kapitel, die in Versen liefen, ordneten ihre Anfangsbuchstaben in der Reihenfolge des Alphabets und waren darum mehr diesem als dem logischen Aufbau verpflichtet. Vor Jahren hatte ich schon einmal in diesem Buch geblättert, ohne irgendetwas zu verstehen. Nun aber, nach der siebenjährigen Schulung im „Transzendieren", war es mir leicht zu durchschauen.

Ich begann einfach zu meiner Freude, umzustellen und zu übersetzen. Das Umstellen fiel mir nicht schwer, weil ich schnell erkannt hatte, daß auch Francisco de Osuna eine Methode benutzt, die zum völligen inneren Schweigen, in die „Transzendenz der Versenkung", führt. Das Übersetzen brachte besondere Probleme mit sich durch die endlos verschachtelten Renaissance-Sätze dieses Autors, die sich oft über mehr als eine ganze Seite erstreckten. Ich habe später, als mein Osuna-Büchlein erschienen war, manchmal lächeln müssen, wenn Rezensenten freundlich anmerkten, es sei mir gelungen, den wunderbar einfachen Stil des Osuna wiederzugeben. Zu meiner Freude hatte dieser Franziskanerpater auch Humor und eine gewisse Neigung zum Lyrischen, die sich in Bildern äußerte, so daß die eigentlich oft recht schwierigen und abstrakten Ausführungen immer wieder aufgelockert und sinnfällig gemacht wurden. Das entsprach meinem eigenen Wesen.

Ich hätte nicht gedacht, daß die „ruhevolle Wachheit" Maharishis, daß dieses beglückende und stärkende Freiwerden vom diskursiven Denken und den üblichen Ich-Aktivitäten, die meditative Versenkung also, schon im 16. Jahrhundert bekannt war und offenbar in weiten Kreisen praktiziert wurde (nicht immer zur Freude der Kirche). Sagte doch auch Osuna, er schreibe für alle, er wolle die kontemplative Erfahrung auch „Weiblein und ungebildete Laien lehren". Mit einer wunderbaren Selbstverständlichkeit sprach er vom Nicht-Denken, das zu erreichen ihm offensichtlich nicht besonders schwierig erschien, denn es ging ihm weniger darum, hierfür eine Methode bereitzustellen, als vielmehr das Wesen dieses Nicht(s)-Denkens zu erklären und es von Mißverständnissen abzusetzen.

So schreibt er: „Die Kontemplativen sehen die Vollkommenheit nicht darin, daß man nichts denkt, denn dann wären die Schlafenden – sofern sie nicht träumen – und die Ohnmächtigen vollkommen. Nein, die diesen Weg der Kontemplation gehen, bemühen sich einzig um die Verlebendigung ihrer Gottesliebe, einer reifen

Liebe, die für sich selber spricht." Und in der nun folgenden Zusammenfassung des Ganzen beglückte mich die Vertrautheit der die Versenkung betreffenden Aussagen, noch mehr aber die neue unmittelbare Bindung an Gott durch Liebe: „Du siehst also, daß dieses Nichtsdenken mehr ist als es zunächst scheint, und daß man im Grunde nicht erklären kann, was es sei, weil auch Gott, nach dem es sich ausrichtet, unerklärbar ist. Ich möchte dir sogar sagen, daß dieses Nichtsdenken ein Allesdenken ist, denn wir denken so ganz ohne Gedankenablauf an den, der alles ist durch seine wundersame Herrlichkeit, und schon die geringste Wirkung dieses Nichtsdenkens der Kontemplativen ist ein ebenso einfaches wie feines Aufmerken auf Gott allein." Vor allem freute ich mich, daß dieses Nichtdenken kein Selbstzweck war und daß man auch nicht beim Aufmerken auf Gott allein als einer ruhevollen Wachheit stehenblieb, sondern daß Osuna schloß: „So ist denn schließlich dieses Nichtdenken, so schlicht es auch sein mag, ein sich Gott Zur-Verfügung-Stellen des Menschen, der sich löst und befreit, um mit seinem Herzen zu Gott aufzufliegen, der es ganz und ungeteilt möchte."

Beglückt sah ich, wie hier jede Phase des „Transzendierens" uns Gott persönlich näher bringt, seine liebende Gegenwart dialoghaft spüren läßt. Osuna drückt das aus in den drei Arten des Schweigens, die er erläutert: Das erste Schweigen erfahren wir, „wenn in uns alle Gedanken, Vorstellungen und Bilder des Sichtbaren aufhören und die Seele gleichsam gegenüber dem Geschaffenen schweigt." Das zweite Schweigen tritt ein, „wenn wir uns selbst ganz vergessen mit einer totalen Zuwendung unseres inneren Menschen zu Gott allein."

In der dritten Art des Schweigens „kommt es vor, daß unser Verstand so verstummt oder richtiger, so versunken ist, daß er nichts von dem versteht, was man zu ihm sagt, noch irgendetwas von dem, was um ihn vorgeht, beurteilen kann, denn er begreift nicht, was er hört."

Ich war ganz fasziniert, die mir bekannten kontemplativen Zustände hier in völliger Gott-Unmittelbarkeit vorzufinden, und ich staunte noch mehr, als ich sah, daß Osuna im Rückgriff auf die Tradition zwischen Verstand und reinem Intellekt unterscheidet. Ich wagte es damals, den Intellekt mit „Bewußtsein" zu übersetzen, weil dieses die moderne Sprache der Meditation ist und für uns heute Intellekt etwas sehr viel Eingeengteres bedeute, als der Franziskaner meinen konnte. Denn er betont, wir sollten ja nicht unser Bewußtsein (Intellekt) zum Schweigen bringen, sondern nur den Verstand. Es ist wichtig, daß gerade im mystischen Versenkungszustand die „ruhevolle Wachheit", das Bewußtsein also, erhalten bleibt. Und da es frei ist von Gegenständlichem, nennt Osuna es das reine Bewußtsein und schreibt: „Das reine Bewußtsein erkennt die übernatürlichen Dinge in der unmittelbaren Weise unserer leiblichen Sehkraft, mit der wir materiell anwesende Dinge erblicken. Das reine Bewußtsein sieht entsprechend die übernatürlichen Dinge in übernatürlicher Art und erkennt in ihrer Präsenz und in ihrem Wesen den geistigen Gehalt, wissend, daß dieser an äußere Erscheinungsbilder weder gebunden noch in ihnen gefangen ist." Und dann der gipfelnde Schlußsatz: „Der Kontemplative hat Gott gegenwärtig vor sich, reinen Geist, losgelöst von aller Erscheinung."

Osuna führt also mit Siebenmeilenstiefeln durch die

verschiedenen Arten des Bewußtseins hin zum Gottesbewußtsein, zur Erfahrung der Gegenwart des Herrn. Solche Präsenzerfahrungen waren mir nicht ganz fremd, aber ich hätte nie gedacht, sie mit einer so leichten Selbstverständlichkeit voraussetzen zu dürfen, wie es dieser Franziskaner tat.

Ich suchte nun nach der Methode, mit der er in dieses Schweigen hineingelangt war, das die Erfahrung göttlicher Präsenz ermöglichte. Hier fand ich die traditionelle Dreistufung des Betens als mündlich, meditativ (= nachsinnend) und kontemplativ. Wesentlich war das immer stärkere Zurücktreten der Worte, ja, Osuna meinte, der Herr habe das Vaterunser recht kurz gemacht, damit wir mit mehr Liebe beten könnten, die durch viele Worte nur gestört würde. Dabei betont der Franziskaner, daß das mündliche Beten, das betrachtende Beten und das schweigende Gebet der Liebe je nach Person und Umständen wechseln kann und auch in der gleichen Person wechseln wird, also letztlich doch nicht mehr die traditionelle Stufenfolge, sondern ein Geflecht von Erfahrungen, die alle um die Person Christi und die Gegenwart des Herrn kreisen.

Dabei ist die persönliche Haltung im Alltag außerordentlich wichtig. Wir können dieses Gebet des Schweigens, wie im Grunde auch die anderen Gebete, aber bei diesem wird es am deutlichsten, nicht beginnen, wenn wir noch innerlich unruhig oder gar von bösem Denken und Tun erfüllt sind. Das äußere Friedenschaffen muß dem inneren vorausgehen. Man kann die Trennungen von Gott in dieser Gebetsart nicht einfach durch „Versenkung" aufheben, wie es, so scheint mir, in der TM versucht wird, der eine läuternde Wirkung zugeschrieben wurde, ohne daß man die Schwierigkeiten selbst bereinigte. Denn der Hinduismus kennt nicht den christlichen Begriff der Sünde als Verstoß gegen die Liebe eines personhaft gedachten Gottes. Wiedereintauchen ins „Sein“ genügt.

Osuna dagegen gewinnt Befreiung und Erlösung nur im Blick auf Jesus Christus. „Suche nicht deine Sache, sondern die Jesu Christi“, schreibt er, „stell dir vor, du seiest ein Spargel, der aus der Erde hervorschaut – wie genügsam er ist!“ Aus einer am Vorbild Christi gewonnenen allmählichen Loslösung erwächst dann die Fähigkeit, mit immer weniger Worten die Liebe auf Gott zu richten: „Durch diese Art, den Verstand in Schweigen zu versetzen und die Liebe rufen zu lassen, wird das Gebet kurz und durchdringt im Nu die Himmel. Ich nenne es nicht kurz, weil es nicht lang dauern soll, sondern weil es keiner anderen Methode bedarf, um zu Gott zu gelangen, als allein des Mittels der Liebe, die sich augenblicklich mit ihm vereinigen kann.“

Ich wagte die Probe aufs Exempel und war erstaunt, wie einfach die Vorschläge Osunas sich verwirklichen ließen, wie schnell innerlich die Liebe erwachte, wuchs und in immer tiefere innere Ruhe führte. Das war der TM gegenüber neu, wo ich zwar in der Versenkung auch mehrfach erfahren hatte, wie eine ganz starke Liebe geschenkt werden kann, aber es fehlte, zumindest theoretisch, die Voraussetzung der Einstellung auf einen personhaften Gott, der sich uns offenbart hat in Jesus Christus, also zugänglich ist trotz seiner Transzendenz und dem man sein Herz zuwendet, um dann abzuwarten, wie er antworten wird. Ich war erstaunt und überrascht, daß es „ging“ und wie gut es ging, und ich sah auch, wie das Dialogische oder Personhafte dieser Meditation die Erfahrungstiefe nicht behinderte, eher im Gegenteil! In der TM hatte ich nie verstanden, wieso man das absolute, das unmanifeste Sein „erfahren" könne – so wohltuend auch die Ruhe und die Lösung von Raum und Zeit zweifellos waren.

Ich fand bei Osuna auch die Kenntnis des „Wachschlafs" wieder, in der indischen Tradition Kennzeichen für den ersten tiefen Bewußtseinswandel, für das Durchhalten der tiefen Ruheerfahrung auch in der Aktivität. Ich las folgenden Hinweis: „Und es kann auch etwas geschehen, was kaum glaublich scheint: daß nämlich die Seele sich schon wieder im Gebet befindet, ehe sie erwacht. Das geschieht auf eine ganz wunderbare Weise, denn der Mensch erwacht innerlich eher als äußerlich und kehrt, noch schlafend, schon ins Gebet zurück." Die gleiche Erfahrung fand ich später auch bei der heiligen Teresa, die berichtete: „Ich kam nie mehr aus dem Gebet. Ja, selbst schlafend war ich, wie mir schien, immer im Gebet. Denn durch diese Visionen nahm die Liebe in mir immer mehr zu." Also auch hier eine Verbindung von andauernder Versenkung im Wachen wie im Schlafen, woraus sich wachsende Liebe ergibt. Der tibetische Mönch Milarepa schrieb in diesem Zusammenhang die Verse: „Während ich schlafe, meditiere ich, und mein Schlaf verwandelt sich in klares Licht." (Mahamudra)

Ich hatte hier nun wirklich alles Bekannte zusammen, aber es besaß eine ganz andere Gottunmittelbarkeit. Während sich bei Maharishi die gewonnene Transzendenz in allem Tun erhalten sollte, wollte der Mensch irgendeinen inneren Fortschritt machen, war bei Osuna die transzendente Erfahrung mehr Geschenk als Leistung und verbunden mit dem Wissen um die Menschheit Christi. Osuna sagt selbst: „Wir könnten nicht wagen zu glauben, Gott würde sich an uns verschenken um unserer Liebe willen, hätten wir nicht sein heiliges Versprechen: ‚Wer mich liebt, wird meine Gebote halten, mein Vater wird ihn lieben, und wir werden kommen und in ihm Wohnung nehmen' (Joh 14,23–24)". Dabei wird klar: „Es geht Gott nicht primär darum, daß du dich ihm gibst, sondern daß er sich dir schenkt, weil du ohne ihn nichts ausrichtest. Bittet man dich also, ihn zu lieben, so ist das, als bäte man dich, die Fülle seiner Gaben zu empfangen. Seine Liebe, die du erfährst, kommt niemals an eine Ende und möchte dir immer noch Größeres geben."

Aus solchen Worten sah ich, daß man sich nicht ängstlich sorgen darf, woher man denn die Gottesliebe, die jetzt sozusagen das Mantra ersetzt, nehmen soll, sondern daß diese Liebe geschenkt wird, wenn man sich öffnet. Ebenso, sagt Osuna, könne man den Himmel ja gar nicht verfehlen, denn „die Fußabdrücke Christi sind sichtbar, so daß, wer es will, ihnen folgen kann". Die Nachfolge Christi ist der eigentliche Weg, den der Kontemplative zu gehen hat, wobei allerdings Osuna, einer Theologierichtung seiner Zeit folgend, zwischen der schmerzhaften leiblichen und der beglückenden seelischen Nachfolge unterscheidet: „Aber unsere Seele mit ihrem höchsten Teil ist ein beschwingter Vogel, geboren, um zur Gottheit aufzufliegen. Darum genügt es nicht, wenn du nur dem Leibe nach Jesus folgst, auch deine Seele muß seiner Gottheit nachstreben. Diese Beschwingtheit des Weges, dieser geistliche Flug, ist keinem weltverhafteten Menschen möglich."

Nun, diese letzte Bemerkung zeigt, daß es nicht so ganz einfach ist, zu dieser Beschwingtheit zu gelangen, denn weltverhaftet sind wir ja allemal. Aber es freute mich, hier im Christlichen nicht nur Kreuz und Leiden, sondern auch heitere Beschwingtheit zu finden, etwas von der Seinsseligkeit, die Maharishi versprach. Es gehört für Osuna zur seelischen Ausrichtung des Betenden, gehört zum „immerwährenden Gebet", das ja ein dem „kosmischen Bewußtsein", ein der TM verwandter Zustand ist, daß man heiter und fröhlich sei. „Du kannst dein Herz Gott schenken", sagt Osuna, „denn er liebt den fröhlichen Geber." Und wir müssen Gott mit allem vermischen oder – wie ich es übersetzt habe – verweben. Das heißt, wir müssen ihn an jeglichem Tun teilnehmen lassen, an allen Ehren und Freuden, aber auch Schwierigkeiten und Leiden des Lebens: „Verwebe darum Gott sogar mit deinem Ungemach, indem du erkennst, daß er deine Liebe prüfen will: ob er dir mehr wert ist als alle weltlichen Freuden und Versuchungen."

Nun hatte ich also Teresas Meister auch zu dem meinen gemacht, und ich marschierte freudig auf den von ihm vorgezeichneten Pfaden, zumal ich meine Übersetzungen probeweise in der karmelitischen Zeitschrift „Christliche Innerlichkeit" als „Fortsetzungsroman" veröffentlichte, bis sich eines Tages der Verlag Herder als Telefonstimme des Herrn Dr. Thomas Sartory meldete, der mich fragte, ob er das Manuskript haben könne zur Veröffentlichung in der von ihm und seiner Frau herausgegebenen Reihe „Texte zum Nachdenken". Das war für mich natürlich eine Riesenfreude, und mit Feuereifer machte ich mich an die Fertigstellung.

Es war Mitte des Jahres 1981, ein schöner Sommer, ich fuhr selbst nach Niederaichbach, um im Hause der Sartorys das Buch abzuliefern. Wir hatten dort miteinander gute und heitere Tage. Die Freude des Ehepaars an meinem Erstling machte mir Mut. War mir doch das Übersetzen im Grunde ein einziger Spaß gewesen. Und so sagte ich zu allem Ja, was man weiter von mir erbat: Meditationen zum Leben der Heiligen Maria von Ägypten und dann, wenige Wochen später, Texte der heiligen Teresa von Ávila anläßlich ihres Jubiläumsjahres 1982.

Ich stürzte mich kopfüber „in Teresa", verstand sie wie eine alte Freundin. Nachts aufrecht im Bett sitzend, sprach ich meine Übersetzungen auf Kassetten, die mir eine hilfsbereite junge Freundin in Aachen schrieb – Henrike Rick, Herderautorin auch sie, durch deren Schreibcomputer auch meine jetzige Erzählung wieder läuft. Und da ich damals an der Universität sehr viele Studenten, also viel Arbeit hatte, dachte ich, ich könne aus der Not eine Tugend machen, und kündigte ein Teresa-Seminar an – in Hamburg eine Rarität, um nicht zu sagen eine Absurdität. So jedenfalls empfand ich es und dachte, es könne vielleicht gut sein, wenn einmal nicht so viele Studenten kämen.

Aber da hatte ich mich sehr geirrt. Das Seminar war total überfüllt, und zwar waren Studenten aller weltanschaulichen Richtungen gekommen, sogar Spartakisten nahmen teil. Letztere fanden am Ende des Seminars: „Teresa ist o.k.!" Da sah ich mich nun zunächst einmal vor ganz neue Aufgaben gestellt, denn das Interesse der

Teilnehmer entsprach nicht ihren wissensmäßigen Voraussetzungen. So erwähnte ich in der Einleitung die Jakobsleiter, und sofort kam eine Frage: „Was ist das?" Ich erklärte es, dann kam die Frage: „Wer ist Jakob?" Ich erklärte es, dann kam die Frage: „Wer ist Abraham?" Ja, und da habe ich dann doch lieber bei Adam und Eva begonnen und erst einmal die grundlegenden christlichen Glaubenswahrheiten dargelegt. Alle hörten mit großen Ohren zu. Und der Student, der gefragt hatte: „Wer ist Jakob, wer ist Abraham?", wanderte ein Jahr später mit seinem Rucksack durch Spanien, von einem Kloster der heiligen Teresa zum anderen.

Ein ähnlich positives Teresa-Erlebnis hatte ich zwei Jahre später im Großen Sitzungssaal meiner Universität, wo Forschungsstipendien vergeben wurden, deren Hauptbedingung die Gesellschaftsrelevanz war. Eine Kommission, die vor allem aus Natur- und Wirtschaftswissenschaftlern bestand, sollte die etwa 30 Bewerber überprüfen. Ich gehörte zu ihnen. Als ich als Letzte gegen 20 Uhr – alle waren müde und unmutig – hereinkam, sagte ich ganz spontan: „Ich muß Ihnen als ein sehr fremder Vogel erscheinen mit meiner heiligen Teresa. Aber ich möchte in meiner Arbeit zeigen, was man von ihr lernen kann, nämlich die Liebe. Und ich halte nichts für so gesellschaftsrelevant wie die Liebe." Dann schwieg ich wieder, und im Saal war es auch ganz still, weil in diesem Raum das Wort Liebe vermutlich noch nie ausgesprochen wurde. Und tatsächlich, ganz wider Erwarten erhielt ich das Stipendium, das mir erlaubte, mehrere Wochenstunden ausfallen zu lassen und so mit meinen Büchern voranzukommen. Ich nannte dieses Ereignis, das mich selbst nicht weniger überraschte als meine Kollegen, „das jüngste Wunder der heiligen Teresa von Ávila".

Während sich also in der Universität Entscheidendes geändert hatte, bemühte ich mich nun, so in die Werke Teresas einzudringen, daß ich dem Leser einerseits ihre höchst lebendige und liebenswerte Persönlichkeit nahebringen konnte, andererseits aber auch zeigte, wie sie kontemplativ betete, weil ich ja wußte, wieviele Menschen in unserer Zeit mit mir das Bedürfnis haben, einen solchen Weg zu gehen. Dabei wurde mir deutlich, daß die Kontemplation – wie die christliche Tradition das mystische Ruhegebet nennt – nur in Verbindung mit der Nachfolge Christi sinnvoll ist. Sie ist kein Erlösungsweg und keine „heilige Kuh" wie für den Inder. Darum stellte ich nun auch in der Kontemplations(„Meditations"-)zeit das Telefon nicht mehr ab. Teresa sagte, die dringenden Anliegen unserer Mitmenschen hätten Vorrang.

Juan de la Cruz
(Von Willy Kretzer nach einem Gemälde von Sansegundo Castañeda, 18. Jh.)

Dunkler Glaube

In der Beschäftigung mit den alten Weisungen christlicher Kontemplation war mir also einiges von meiner TM-Praxis her vertraut, und anders hätte ich diese Weisungen auch nicht verstanden. Andererseits kam auch eine ganz neue Haltung hinzu, die entscheidenden Realitäten waren anders. Ich würde sagen neu war die Realität der als personhaft, das heißt als persönliches Geschenk gegebenen Gnade, was etwas anderes war als ein beglückendes Eintauchen in die „Nichterfahrung" des Seinsgrundes – neu war vor allem auch die Gewißheit, daß der Glaube durch kein Erfahrungswissen zu ersetzen ist, ja, daß er in der Kontemplation lebendig und führend anwesend bleibt. Letzteres lernte ich vor allem vom heiligen Johannes vom Kreuz, in dessen Schriften ich mich vertiefte. Das brachte mich auch auf den Gedanken, meine alten Gedichtübersetzungen an Pater Camillus in Wien zu senden. Denn die Gedichte, so versicherte Johannes vom Kreuz selbst, sagten mehr als jeder Kommentar seine mystische Erfahrung aus.

Ich freute mich dann, daß Pater Camillus sie drucken ließ, und ich fuhr zweimal zur Redaktion der von ihm herausgegebenen Zeitschrift „Christliche Innerlichkeit", die sich damals im Frauenkloster von Mariazell befand. Man verwöhnte mich dort sehr, denn das erste Mal erhielt ich das Bischofszimmer und das zweite Mal, noch ehrenvoller, eine richtige Klosterzelle. Wegen meiner karmelitischen Interessen hatte mich so mancher schon gefragt, ob ich nicht in ein Karmel-Kloster eintreten wolle. Aber ich hielt mich für ein Klosterleben für ganz ungeeignet. Dennoch, in dieser Zelle kamen mir derartige Ideen, und ich sagte es der alten, weisen Priorin. Die schaute mich an mit freundlichem, tiefblauem Blick und antwortete in aller Klarheit: „Sie meinen ja nicht das Klosterleben, Sie meinen die Aussicht, die Sie von Ihrem Fenster auf unsere schöne Berglandschaft haben!" Damit hatte sie so unrecht nicht. Aber es war bei mir noch etwas anderes hinzugekommen, nämlich die Erfahrung der Freiheit, wie sie sich aus der Besitzlosigkeit ergibt. Ich war ganz „karmelitisch" mit einem winzigen Köfferchen gekommen, so daß ich in meiner Zelle kaum mehr als Zahnbürste und Mantel hatte, und ich verstand auf einmal, warum Johannes vom Kreuz (in einem seiner Briefe) vom „glückseligen Nichts" sprechen konnte, womit er die geistige und materielle Besitzlosigkeit meinte.

Auch in diesem Kloster wurde mir wieder deutlich, wie nützlich es wäre, die Texte der Ordenseltern in modernen Übersetzungen und Erläuterungen zugänglich zu machen. Die ganzen Werke hätten meine Kräfte und die mir verbleibende Lebenszeit zweifellos überstiegen. Aber ich bemühte mich, Wesentliches herauszustellen und so zu erläutern, daß es auch für den noch kontemplationsunerfahrenen Leser einen Einstieg bedeuten konnte. Das Wort „Einstieg" war mir auf Grund meiner Erfahrung besonders wichtig für den kontemplativen Prozeß, denn ich merkte sehr bald, daß auch das scheinbar nur ruhige Verweilen im „Nichts“ eine andere Art des ungreifbaren Erfülltseins mit sich brachte, wenn ich im Gedanken an Jesus Christus „hineingegangen“ war, als wenn ich es mit einem indischen Mantra versuchte. Es bestand gar kein Zweifel, daß in diesem Schweigen, in dieser schon oft erwähnten Stille etwas „Göttliches“ ankommen konnte, wie es auch der Psychologe und Arzt Carl Albrecht in seinen maßgeblichen Büchern zum Ausdruck gebracht hat. Ich verstand jetzt, was Maharishi gemeint hatte, wenn er in Vorträgen vom „richtigen Eintauchwinkel“ sprach.

Durch meine TM-Übungen war mir etwas für das Verständnis der spanischen Texte sehr Wichtiges vertraut: Das Gefühl der kontemplativen „Versenkung“. Ich konnte mich über die „ruhevolle Wachheit“, wenn sie sich einstellte, nicht täuschen. Und wenn auch, nach Albrecht, das „Ankommende“ (wenn es kam!) sowohl unpersönlicher wie persönlicher Natur sein konnte, schien mir doch das Persönliche der Entwicklung der Schöpfung und unserem Wesen besser zu entsprechen. Damit stand ich im Gegensatz zum hinduistischen Glauben, hatte aber genau das erfahren und erkannt, was ich jetzt bei P. Josef Sudbrack SJ so ausgedrückt fand:

„Ein Mensch, der die Welt nur in der Erfahrungsvorgabe einer Subjekt-Objekt-Spaltung erlebt, wird fast notwendigerweise die höchste Einheitserfahrung mit dem Göttlichen von dorther erleben und dann natürlich die ‚Ich-Es-Spaltung‘ als aufgehoben erfahren. Wer aber die Erlebnisdichte der ‚Ich-Du-Begegnung‘, also der ‚Subjekt-Subjekt-Begegnung‘ kennt, dem leuchtet es unmittelbar ein, daß die Einheitserfahrung mit dem letzten Sinn seiner Existenz gemessen und verstanden werden muß von dieser ‚Subjekt-Subjekt-Begegnung' her. Jedesmal nämlich fließt die persönliche Erlebnistiefe des ‚Erfahrenden', des Mystikers mit ein. Die Entscheidungsfrage zwischen monistischer und dialogischer Mystik kann zurückgeführt werden auf die Frage: Welcher Wert ist höher, humaner, ganzheitlicher und tiefer: Der einer Es-Einheit mit dem Ganzen, oder der einer Ich-Du-Einheit der Begegnung, der eines allumfassenden ‚Seins', oder der einer personalen ‚Liebe'?"

„Meine" Karmeliten lebten und beteten ganz aus einer solchen Ich-Du-Beziehung, aus einer lebens- und liebeerfüllten Christozentrik. Bei Teresa sah man's auf den ersten Blick, bei Johannes, der die Einzelheiten des „Entwerdens" systematisch ausführte und darum gern von „östlich" oder „transzendental" Meditierenden zu Unrecht vereinnahmt wird, vielleicht erst auf den zweiten, dann aber unvergeßlich.

Der in der karmelitischen Tradition so wichtige, aber nicht leicht zu fassende Begriff des „inneren Gebets" ist ohne eine solche Christusbeziehung nicht denkbar. Ich ging diesem Wort nach und fand zunächst die traditionell-christliche Auffassung eines bestimmten kontemplativen Aufbaus. Einer Selbstprüfung, der die Lebenswirklichkeit entsprechen mußte, folgte eine Textlesung, die in die nachdenkende, nachspürende Meditation führte. Dann aber stellte sich irgendwo ein Punkt inneren Betroffenseins heraus, ein Angerührtsein des Herzens, bei dem zu verweilen war, während Worte, Gedanken und Bilder allmählich verebbten. So kam es zum Zustand der Versunkenheit oder Versenkung, wohl selten länger als eine halbe Stunde. Ein schwer zu beschreibender Zustand der „Nichterfahrung", in dem, wie schon erwähnt, dennoch etwas den Menschen Übersteigendes „ankommen" konnte und dunkel wahrgenommen, nicht aber in seiner Ganzheit erkannt wird. Beim langsamen „Wiederauftauchen" konnte dann ein Bittgebet gesprochen werden, den Abschluß bildete in jedem Falle ein Dank an das göttliche Du.

Noch konzentrierter schildert Teresa von Ávila das innere Gebet. Für sie, die in der Mystik bekannt wurde durch ihre Ekstasen, Visionen und Levitationen, waren diese „Phänomene" läuternde Begleiterscheinungen des Eigentlichen, der Erfahrung der Gegenwart Jesu Christi. Das war für sie das innere Gebet, die begleitende Präsenz Gottes, zu der Jesus Christus hinführte. Sie nannte es darum „ein Gespräch mit dem Freunde, von dem wir wissen, daß er uns liebt", aber nicht nur ein Gespräch, sondern, so muß man es übersetzen, auch einen „Umgang", nämlich einen schweigenden Dialog, ein still vertrautes Beieinandersein, an dem die göttliche Dreifaltigkeit beteiligt war.

Im Gegensatz aber zu ihrer neuplatonischen, leibfeindlichen Zeit betonte Teresa gerade die Bedeutung der Menschheit Christi auch für die Kontemplation; während andere (vor allem der Franziskaner Bernabé Palma und nicht ihr Meister Osuna, wie so oft behauptet wird) alle leibhaften Vorstellungen für hinderlich erklärten. Aber natürlich erfuhr auch Teresa – wie wäre es sonst zu den erwähnten mystischen Phänomenen gekommen – jene Stille, in der Bild und Gedanke verschwinden müssen. Aber sie bekämpfte alles gewaltsame Herbeiführenwollen dieser Stille und überließ das der inneren Führung des Heiligen Geistes, des Geistes

Jesu Christi. Und wenn schon die Menschheit Christi so unaufgebbar war, so noch viel mehr sein Kreuzesleiden, das als Nachfolge Christi für Teresa zum innersten Herzensanliegen wurde. Auch sie, die meist so realistisch-fröhliche, kannte die Leiden der „Nacht der Verlassenheit". Sie sprach von einem Zustand, in dem „die Seele gleichsam gekreuzigt zwischen Erde und Himmel hängt und leidet, ohne von irgendeiner Seite Hilfe erwarten zu können". Ihr Eintritt in die Unio mystica, in die „mystische Vermählung" wurde visionär nicht von der Überreichung eines Ringes durch Christus begleitet, sondern durch die Gabe eines Kreuzesnagels. Und so schreibt Teresa: „Wir haben immer wieder gesehen, daß diejenigen, die Christus in ihrem Leben besonders nahe sind, auch die größten Leiden durchzumachen haben."

Teresa sieht den Maßstab für die Größe des Kreuzes, das ein Mensch tragen kann, in der Größe seiner Liebe. Das bedeutet aber nicht, daß sie in einer masochistischen Leidensmystik schwelgte. Sie sagte es ihren Schwestern: „Wenn es der geistlich fortgeschrittenen Seele auch nicht am Kreuz fehlt, so verliert sie doch nicht ihren inneren Frieden. Und dieser Friede ist beglückend."

Das hing mit der Anwesenheit des Geistes Christi im tiefsten Herzen zusammen, mit dem Wirken des „inneren Meisters". Ich durfte das selbst einmal sehr nachdrücklich als „Eingreifen" in mein Gebet erfahren: Ich lag mit Grippe im Bett und hielt mich aus Schwäche beim Gebet sozusagen am Rosenkranz fest. Aber schon nach einigen Minuten begannen die Holzperlen in meiner Hand mehr zu glühen, als alle Fieberglut es vermocht hätte. Ich konnte sie nicht mehr halten, mußte sie fallenlassen. Und mit den Perlen, das verstand ich plötzlich, auch alle Worte und alles aktive Bemühen. Die göttliche Präsenz, die ich nun erfuhr, war für mich etwa das, was für eine Ameise die Luftfahrt mit einem Heißluftballon sein mag. Unbeschreiblich.

Spätere Versuche, die Erfahrung zu wiederholen, mußten scheitern, denn nun war der Wille wieder da und fehlte es an der entscheidenden Hingabe. Aber das irritierte mich nicht, hatte ich doch schon bei Maharishi gelernt: „Don't remember!" – Jedes Sicherinnern an frühere Meditationserfahrungen wird zum Hindernis, wie es eindrucksvoll Johannes vom Kreuz beschreibt, der vor allem Hängen und Haften selbst an geschenkten Gotteserfahrungen warnt.

Aber Maharishi meinte mit seinem „remember" noch mehr: das „Darandenken" und die Selbstbeobachtung. Einmal fragte ihn ein Student: „Maharishi, ist es nicht wichtig, daß wir uns in der Meditation selbst beobachten?" Antwort: „No, no, no, no, no!" Reines Bewußtsein, so erklärte er dann, kann nicht gedacht, sondern nur gelebt werden. Das Sein ist uns nicht bewußter, darf nicht bewußter sein „als das grüne Glas einer Brille, durch die wir die Welt betrachten. Wir sehen draußen Grün und wir denken nicht an das Brillenglas." Jedes Denken, Wollen und Kontrollieren der Merkmale reinen Seins führt zu Stimmungsmache und Manipulation. „Es nützt mir überhaupt nichts, wenn ich denke, „ich bin unendlich, ewig, unsterblich".

Sein, reines Bewußtsein wird uns formen, wenn wir unsere Aktivitäten lassen, so daß es ungehindert „einströmen" kann („infusion"). Das macht das „Transzendentale" der Meditation aus (Tonkassette 1973). Vergleichbar sagen Teresa und Johannes, daß die christliche Kontemplation dort beginnt, wo Gott wirken kann, weil wir auf unser Tun, Denken, Wollen verzichtet haben.

Aber trotz so wichtiger Gemeinsamkeiten wurde mir immer deutlicher, daß es keine Einheitsmystik gibt. Zwar scheint es technisch das gleiche, ob ich sage, „ich transzendiere" oder „Gott übernimmt die Führung", ob ich von „ruhevoller Wachheit" oder vom „Gebet der Ruhe" spreche. Aber mein Menschsein wird durch diese Einstellungen verschieden geformt – der gemeinte Sinn, das Ziel also, verwandelt die Eigenschaften des Wegs.

Christliche Mystik ist nichts Esoterisches, sondern etwas sehr Einfaches, das jedem zugänglich ist, nämlich Nachfolge Christi. So hatte ich es schon bei Teresa gefunden. Johannes vom Kreuz baut sein ganzes Werk darauf auf. Sein erstes und grundlegendes Buch, der „Aufstieg zum Berge Karmel", nennt das Kreuz „die Pforte" zum mystischen Weg und den schmalen Pfad des Aufstiegs die „Nachfolge Christi". Aber das war nicht abschreckend gemeint, nur realistisch, und das folgende, poetischere Buch der „Dunklen Nacht" macht sehr deutlich, daß die solchen Weg einzig ermöglichende Liebe, die auch Grundlage aller Kontemplation (Meditation in heutiger Sprache) ist, das Wort des Herrn vom sanften Joch und der leichten Last bestätigt. Und in den beiden letzten großen Werken, dem „Geistlichen Gesang" und der „Lebendigen Flamme der Liebe", wird die christliche Freude in ihrem Zugehen auf die Herrlichkeit Gottes gezeigt, die sich dem geläuterten Herzen schon in der Schöpfung ankündigt.

Allerdings erfährt nur der Gewandelte solche Beglükkung. Und diese Verwandlung findet im geistigen Menschen statt, in „Verstand, Willen und Gedächtnis", Bezeichnungen, die, von Augustinus herkommend, damals in einem weiteren Sinne verstanden wurden als heute. Diese drei „Seelenvermögen", wie man sie nannte, bezeichnet Johannes als „Höhlen", als dunkle Hohlräume ohne Boden. In ihrer Bodenlosigkeit sind sie fähig, Unendliches aufzunehmen. Wenn Gott sich dem Menschen schenken will, kommt er als „finsteres Licht", als Verwandlung zu Glauben, Liebe, Hoffnung in diese „Höhlen". Er kommt in sie als Glaube, Liebe, Hoffnung, als Glaube in den Verstand, als Liebe in den Willen und als Hoffnung in das Gedächtnis. Erst durch diese Umwandlung ist der Mensch zur Unio mystica fähig.

Zwar ist die Verbindung so innig, da Christus und die Heilige Dreifaltigkeit nach christlichem Glauben ja auch dem Personkern des Menschen einwohnen, daß sie wie eine Einswerdung erscheint, wenn Johannes etwa schreibt: „Wenn die Liebe zwischen zwei Menschen schon die Kraft hat, ihre Seelen miteinander zu verschmelzen, wie wird dann erst in der Gottesliebe die Verschmelzung der Seele mit ihrem göttlichen Bräutigam sein, zumal Gott hier der eigentlich Liebende ist? Mit der Allmacht seiner abgründigen Liebe läßt er die Seele kraftvoller und wirksamer in sich aufgehen, als ein Tropfen Morgentau im prasselnden Feuer verdampft." Aber Johannes beeilt sich dann doch zu erläutern, daß es die Liebe ist, die hier verschmilzt, und daß dieses gewaltige Feuer, das „tausend Welten leichter verzehren könnte als unser irdisches Feuer eine Flachsfaser, die Seele, in der es brennt, weder verzehrt noch vernichtet, ja, ihr keinerlei Leid zufügt, sondern sie vielmehr nach Maßgabe der Liebeskraft vergöttlicht und beseligt mit seinem lieblichen Glühen und Brennen." Und die gelebte Unio mystica, die Johannes auch das „Erwachen Gottes in der Seele" nennt, ist zugleich eine große Einheitserfahrung auch mit der Schöpfung, nicht im Sinne von Auflösung, sondern von Gleichklang: „Die Kräfte und Vollkommenheiten, das Wesen und die gnadenvolle Schönheit alles Geschaffenen leuchten auf und schwingen in dieser gleichen Bewegung, einträchtig und gemeinsam."

Ich lernte Erfahrungen der Dunkelheit kennen, und es bekam mir schlecht, als ich dem „Engadiner Kollegium" einen Kontemplationskurs in St. Moritz zusagte. Denn von diesem Augenblick fing ich an, mich bei jeder Erfahrung zu fragen: „Wie kannst du das weitergeben?" – die Störung war außerordentlich tief, ich hatte das „don't remember" vergessen. Aber ich lernte auch, daß in „Dunkelheiten", wenn sie nicht Depression sind, immer ein Funke Liebe, ein Fünkchen Hoffnung erhalten bleiben. Ohne Liebe würde man ja über die eigene Unvollkommenheit und Gottesferne auch nicht verzweifelt sein. Und die verwandelnden „Nächte" werden kurz, wenn sie von Vertrauen oder, traditionell gesprochen, Glauben begleitet sind. Johannes nennt den Glauben den „Blindenführer". Er kann allerdings nur führen auf der Basis der Liebe, und die wiederum ist nicht durchzuhalten ohne Hoffnung. Aber der Glaube führt sicher durch das Dunkel, weil er den Menschen davor bewahrt, eigenmächtig das eigene Denken, Verstehen und Wollen als letzte Wirklichkeit anzusehen.

Der Glaube ist für Johannes einerseits Offenbarung

Gottes, wie sie ganz konkret vorliegt in der Heiligen Schrift, im Blick auf das Leben Christi, in der Lehre der Kirche. Andererseits wird Glaube für ihn aber auch zum Vorgang der Kontemplation selbst, ist er „liebendes Aufmerken auf Gott allein". Dabei bedeutet Kontemplation immer eine auszuhaltende Nichterfahrung, ein Ausgeliefertsein, das auf Gottes Liebe vertraut; ein sich seinem Wirken Öffnen, dessen Möglichkeiten und Ziel wir nicht erfassen. Das Verständnis des Johannes von Kontemplation als Kreuz und personbezogener Glaube schien mir am stärksten das Christliche von der TM zu unterscheiden. Dabei darf aber nicht vergessen werden, daß das Kreuz nicht nur Leiden, sondern letztlich verklärte Liebe ist.

Auch ich selbst hatte in meinem Leben, abgesehen von den üblichen Belastungen, eine ganz spezielle Kreuzeserfahrung gemacht, die mir wiederum zum Verständnis der karmelitischen Mystik eine Hilfe war. Und zwar ergab sich diese Erfahrung in den ersten Monaten meiner TM-Übungen, noch ehe ich Meister Maharishi begegnet war. Damals langweilte ich mich ein wenig mit dem bloßen Meditieren und in der Stille Sitzen. Ich wollte mehr wissen über Yoga, wollte mehr erfahren. Und so meldete ich mich zu einem bunten Yogakurs, der im süddeutschen Raum angezeigt war, und fuhr hin – ohne Ahnung von den in solchem Methodenpluralismus lauernden Gefahren.

Zuerst ging auch alles sehr gut. Die verschiedenen Aufgaben machten Freude, und als wir eines Abends an eher psychologische Meditationsübungen gingen, kam ich glänzend mit einer imaginären Flußüberquerung, für die Boot und Brücke fehlten, zurecht. Dann aber war die nächste Übung die Steigerung, nämlich eine Schwellenerfahrung. Uns wurde gesagt, wir möchten uns einen dunklen Korridor vorstellen, den wir entlanggehen, am Ende einen Vorhang, hinter dem Vorhang eine Schwelle. Wir sollen den Vorhang öffnen und sehen, was uns begegnet, wenn wir die Schwelle überschreiten. Ich marschierte also wohlgemut durch meinen dunklen Korridor, kam an einen trotz der Dunkelheit roten Vorhang, zog ihn beiseite und erschrak maßlos! Denn jenseits der Schwelle sah ich ein riesiges Kreuz aufgerichtet, an dem ein leidender Christus hing, die rechte Hälfte im Licht, die linke, mir zugewandte, im Dunkeln. Ich nahm all meinen Mut zusammen und überschritt die Schwelle, und dieses Überschreiten war auch schon ein das Kreuz Umarmen. Der Kreuzesstamm verwandelte sich in einen Baum, und ich war der Saft, der in diesem Baume aufstieg bis zur Höhe des Leidens.

Diese Erfahrung war so furchtbar, so unerträglich, daß ich inmitten der mit mir übenden Menschen zu weinen begann. Das war am Abend gegen 20 Uhr, und um Mitternacht weinte ich noch immer. Man wollte schon einen Arzt rufen, da besann ich mich auf mein Mantra, auf meine TM-Technik, und innerhalb von wenigen Minuten legte sich meine Seele in ruhige, gerade Streifen. Aber tief in meinem Herzen blieb diese Erfahrung wie ein Zustand, wie eine liebegetragene Verbindung, wie ein Schlüssel zum tiefsten Geheimnis des Lebens.

Ich meine heute, daß dieses „Geheimwissen", dieses „crux ave, spes unica", mich in meinen sieben TM-Jahren vor der Verführung allzu bequemer und paradiesischer Verheißungen bewahrte. Sie erschienen mir einfach als unrealistisch, ja unmenschlich. Und sie verletzten die Liebe zu Jesus Christus, den sie überflüssig machen wollten.

Mir wurde auch immer klarer, daß letztlich die Methode nur eine geringe Rolle spielt gegenüber der Hingabe, gegenüber dem Wachsen in Glaube, Liebe, Hoffnung, die erst das Menschsein vollenden. Oder anders ausgedrückt: Jede Methode ist gut, wenn sie mit Hingabe geübt wird. Aber es kommt der Augenblick, da alle Methodik verlassen werden muß: Gottes Augenblick. Mein Menschenbild unterschied sich grundlegend von dem des Hinduismus und der TM-Bewegung, von Anfang an und unbeirrt bis zu meinem schließlich notwendigen Fortgang. Ein Menschenbild, wie ich es heute von P. Josef Sudbrack SJ treffend dargestellt finde:

„Doch gerade dies ist die Botschaft des Christentums an jeden einzelnen Menschen: Deine Werte, deine Person, die Werte und die Individualitäten deiner Mitmenschen sind keine Illusionen, werden nicht verschwinden in der Allgemeinheit eines überpersönlichen Etwas, sondern sind für alle Ewigkeit geborgen in der Liebe Gottes. Denn Gott ist nicht die alles verschlingende Einheit, wie es in der „Neuen Religiosität" weithin erscheint. Gott ist in seinem Innersten ewige Begegnung, ewiges Zueinander, ewige Liebe, ewige Bejahung. Und deshalb kann auch ich, der kleine Mensch, in Gottes Weiten Leben, ewiges Leben finden."

Federzeichnung des Juan de la Cruz
(Vorbild für Salvador Dalís berühmten Christus)

Am Ende Hoffnung

Mein Weg vom Karma zum Karmel, von der Erfahrung tiefer Ruhe zum kontemplativ bewegten christlichen Engagement, ist nicht zu Ende. Schließlich bin ich ja noch mit allen meinen Unvollkommenheiten am Leben, wenn es in seinem Gebälk auch schon knistert und knackt. Für mein letztes Wegstück bitte ich nicht um „Versenkung" – sie wird sowieso schwieriger im weniger konzentrationsfähigen Alter – ich bitte um das Bleiben in der Liebe, so klein sie auch ist, um das Wachsen von Glaube und Hoffnung.

Ohne Hoffnung fehlt die Kraft zum Lieben, ohne Liebe wird der Glaube nichtssagend. Meine Hoffnung wurzelt in der Vergangenheit und möchte Zukunft für alle, wirklich alle! Rückt doch auf unserem bedrohten Erdball die ganze Menschheit immer mehr zusammen – wir brauchen Verbindendes! Ich bejahe darum die belebenden „Transfusionen" aus kontemplativ bestimmten Hochreligionen, sofern sie uns helfen können, unsere eigenen christlichen Traditionen wiederzuentdecken und zu erwecken. Sagte doch schon 1932 Romano Guardini: „Die Kräfte der Stille und der Mitte drohen Europa zu verlassen. Gehen sie wirklich fort, dann muß das Abendland verdorren, denn seine Größe war im Tiefsten von jenen Kräften gespeist."

Aber die Gefahr solchen „Verdorrens" ist heute auch in ursprünglich „mystischen" Ländern gegeben, wie das Beispiel Maharishis zeigt, der eigentlich die kontemplative Fähigkeit Indiens erneuern wollte und dazu die Hilfe der tatkräftigen Abendländer brauchte. Darum sage ich: „ich möchte Zukunft für alle", und auch „meine" Mystiker der spanischen Renaissance dachten so. Die heilige Teresa gründete ihre Klöster zur Gebetshilfe für die ganze Welt, die sie schon damals „in Flammen" sah. Und der erste Herausgeber ihrer Werke, der große Dichter und Renaissancetheologe Luis de León aus dem Augustinerorden, gestaltete ein Weltbild, in dem Gott die Menschen um Christi willen liebt: „Gott liebt Christus nicht nur mehr als alles andere, sondern er liebt alles um seinetwillen, das heißt, er liebt Christus in allem" und in allen – wenn, sagt Fray Luis, „sich unsere Seele durch das ihr gnadenhaft eingeprägte Bild Christi verwandelt und ihm ähnlich wird."

Soll ich nun aber, um meine Hoffnung zu halten, theologische Rösselsprünge machen, zeigen, daß „der Mensch" und nicht nur der Christ nach dem Bilde Gottes geschaffen wurde, sagen, daß der Geist Christi, der Heilige Geist, in jeder wahren Liebe wirkt? Mir schiene das nicht so unwahrscheinlich, aber es wurde schon oft gesagt und oft auch verworfen.

Meine Hoffnung wird gespeist von einer Grunderkenntnis des Johannes vom Kreuz. Für ihn schenkt sich Gott jenem in den Tiefen des Gebets (der Meditation, Kontemplation), „der viel gelitten und sich geistlich geübt hat", und das Geschenk heißt Jesus Christus. Vor allem aber hat die Kontemplation den Johannes eine neue Sicht gelehrt. Er sagt, es sei nur eine abgeleitete Erkenntnis, wenn wir Gott in den Geschöpfen erkennen, wesenhaft dagegen sei das Erkennen der Geschöpfe in Gott. Dieses ist das selige „Erwachen", das die Unio mystica einleitet. Das sagt uns aber auch: Der Versuch, Gott in allen Menschen zu sehen, ist lobenswert, aber noch nicht das Entscheidende. Vor allem wird es oft schwierig, ja, absurd angesichts so mancher mitmenschlicher Erfahrung. Sehen wir aber alle in Gott, so bleibt der Mensch, was er ist: ein unvollkommenes Geschöpf. Und doch wird unsere Haltung ihm gegenüber grundsätzlich getragen von einer behutsamen Ehrfurcht, die vorwitzige Verdammungsurteile ausschließt. Gott allein kennt alle Wege des Heils. Nur für mich selbst kann ich prüfen, ob ich in der Nachfolge Christi stehe oder nicht.

Darum habe ich mich auch in meinen Erzählungen bemüht, zu urteilen, aber nicht zu verurteilen. Manches sehe ich jetzt anders als damals in meiner pfiffigen Naivität. So verstehe ich heute, daß dem Yogi, der religiös von der Vorstellung geprägt war, daß Leiden Sünde sei, das christliche Kreuz ein Greuel sein mußte. Und manchmal falle ich in Anfechtung und beneide die Hindus um ihre leidferne Religiosität. Doch wenn mich Schmerz und Krankheit beim Schopfe haben, oder wenn ich wachen Geistes die täglichen Schrecken dieser Welt über den Monitor flimmern sehe, ist mir einzig Christus nah, verläßlich und wirklich. Aus einer Welle von Leiden wird eine Welle von Liebe.

Viel ist über die TM geschrieben worden, man hat sie gepriesen und hat sie geschmäht. Dabei fehlte es manchmal ihren Befürwortern an Distanz, ihren Verächtern an Erfahrung. Das Wort des Paulus „Prüft alles und behaltet das Gute" (1 Thess 5,21) ist in der Praxis nicht leicht zu verwirklichen, denn es bedarf der „Unterscheidung der Geister", um nicht in einem mißtönenden Potpourri zu enden. Und so manche „Ungereimtheit" in der TM ist ein Problem der Sprache.

Die Übersetzung klassischer Hindu-Erfahrungen ins abendländisch Moderne ist gewiß keine einfache Aufgabe, und mit der „Sprache der Kernphysik", die letztlich gerade als Bewußtsein einbeziehende Suche nach Ganzheit nur noch mathematisch zu reden vermag, ist wohl noch nicht das letzte Wort gesagt. Wie „wissenschaftlich" sich auch immer eine „neue Religiosität" gebärdet, muß sie doch menschlich bleiben, weshalb ein Physiker wie Heisenberg zu dem Schluß kam, die Suche „nach dem einheitlichen Prinzip hinter den Erscheinungen" bedürfe eher der Sprache der Dichter als der Sprache der Wissenschaft.

So schrieb auch der heilige Johannes vom Kreuz, Schutzpatron der spanischen Dichter, seine große Lyrik, und so sagt die heilige Teresa von Ávila in ihren Meditationen über das „Hohelied": „O welch göttliche Sprache steht mir hier zur Verfügung!", und sie gerät dann bei ihrer Interpretation selbst ins Lyrische, um die Einheit von „Absolutem und Relativem", von „Ruhe und Aktivität", vita contemplativa und vita activa im Gleichnis von Maria und Marta zu zeigen:

„Wenn die Seele hier auch um des aktiven Lebens willen weitgehend auf das kontemplative verzichtet, und darum die Erhörung ihrer Bitte einen Verlust für sie bedeutet, bleiben doch auf dieser Stufe in Wahrheit Marta und Maria immer beisammen. Denn im äußeren Werk wirkt das innere, und wenn das tätige Leben aus dieser kontemplativen Wurzel erwächst, sind seine Werke wie wundervolle duftende Blüten. Denn sie erblühen am Baume der Liebe Gottes ganz ohne Eigennutz nur um seinetwillen, und ihr Duft breitet sich aus zum Wohle vieler. Es ist ein starker Duft, der lange anhält und große Wirkungen tut."

Und dennoch, so unerläßlich sie sind, Werke und Wirkungen – sind sie noch nicht unsere letzte, eigentliche Realität. Marta steht sichtbar im Vordergrund, aber die unsichtbare Maria gibt ihr erst die Kraft und Einsicht zum rechten Handeln. Unsere Rechtfertigung erwächst, so hoffe ich, jenseits der relativen Trennungen und Unterscheidungen aus jenem personhaften Quellgrund, von dem die heilige Teresa in der letzten Wohnung ihrer „Inneren Burg" so tröstlich zu uns spricht:

„Abschließend möchte ich euch sagen, wir wollen keine Türme bauen ohne Fundament. Denn der Herr sieht nicht so sehr auf die Größe der Werke, als auf die Liebe, mit der sie vollbracht werden."

QUELLENVERZEICHNIS

A. Zitatentnahmen

Maharishi Mahesh Yogi, Die Wissenschaft vom Sein und die Kunst des Lebens, Stuttgart 1969.

Ders., Love and God, Oslo 1965.

Ders., On the Bhagavad-Gita, A new translation and commentary chapters 1–6, London 1969.

Ders., Bhagavad-Gita, Aus dem Sanskrit ins Englische übertragen und neu kommentiert von His Holiness Maharishi Mahesh Yogi, Kapitel 1–6. SRM-Gemeinschaftsarbeit, Stuttgart 1971.

Ders., (Gemeinschaftsarbeit), Wissenschaftliche Untersuchungsergebnisse über Transzendentale Meditation, Heidelberg ²1973.

Ders., (Gemeinschaftsarbeit), Creating an Ideal Society, Seelisberg (Schweiz) 1976.

Ders., (Gemeinschaftsarbeit), Enlightenment and Invincibility, Seelisberg 1978.

Maharishi European Research University, International Conference on Quantum Mechanics and the Theory of Consciousness, Seelisberg 1977.

Dies., Higher States of Consciousness: EEG Coherence, Creativity and Experiences of the Sidhis, Amsterdam/Seelisberg 1977.

Flugblätter, Aufrufe: Unbesiegbarkeit der Nationen und globaler Maharishi-Effekt, o. J. Seelisberg, nach 1979.

Eine große Zukunft erwartet die Welt, wie oben, vermutlich 1981.

Aufruf zur Beteiligung an Maharishis Weltfriedensprogramm, 1987.

Maharishi's Vedic Science achieves World Peace, New Delhi 1988.

SRM Geistige Erneuerungsbewegung, Der Maharishi und der Abt. Eine Diskussion zwischen Maharishi Mahesh Yogi, dem Abt von Downside und Robert Kee, übertragen im BBC Fernsehen am 5. Juli 1964.

Robert Keith Wallace, Die physiologischen Wirkungen der Transzendentalen Meditation, Hinweise für einen vierten Haupt-Bewußtseinszustand, Los Angeles 1970 (Diss.).

Ders., Neurophysiology of Enlightenment, New Delhi 1974.
Weltplanjournal 6, 1974 (Düsseldorf/Bremen).
P. Paul Marechal OCist., Transzendentale Meditation und ihr potentieller Wert im monastischen Leben, in: Cistercian, USA 1974.
P. Basil Pennington OCSO (Trappist), TM und christliches Gebet, veröffentlicht bei: Society of St. John the Evangelist, Publications Secretary, Oxford o.J. (nicht vor 1974).
P. Rolph Fernandes OFM, Erfahrungen als TM-Lehrer, in: The Asian Journal of Thomas Merton, New York 1975.
Frank Papentin, Ordnung, Intelligenz und Evolution. Ein interdisziplinärer Umriß der Wissenschaften auf der Grundlage von Maharishi Mahesh Yogi's Wissenschaft der Kreativen Intelligenz, Seelisberg 1978.
Patanjali, Die Wurzeln des Yoga, Bern/München/Wien 1976.
Gedichte aus dem Rig-Veda, Unesco Asiatische Reihe, Stuttgart 1983.
Romano Guardini, Wille und Wahrheit, Mainz 1933.
Werner Heisenberg, Physik und Philosophie, Frankfurt/Berlin/Wien 1973.
P. Camillus Lapauw OCD, Meditation und Gebet, München 1973.
Ders., Christliche Tiefenmeditation, München 1974.
P. Hugo Enomiya Lassalle SJ, Meditation als Weg zur Gotteserfahrung, Mainz 1980.
P. Josef Sudbrack SJ, Neue Religiosität – Herausforderung für Christen, Mainz [2]1987.
Francisco de Osuna OFM zitiert nach Erika Lorenz, Francisco de Osuna, Versenkung, Freiburg 1982.
Teresa von Ávila zitiert nach Erika Lorenz,
a) Teresa von Ávila, Ich bin ein Weib und obendrein kein gutes, Freiburg [5]1988 (1. Aufl. 1982).
b) Der nahe Gott im Wort der spanischen Mystik, Freiburg 1985.
Johannes vom Kreuz zitiert nach Erika Lorenz:
a) Der nahe Gott, vgl. oben,
b) Johannes vom Kreuz, Ins Dunkel geschrieben, Briefe geistlicher Führung, Freiburg 1987.

B. Für Hintergrundwissen speziell konsultiert

Swami Vivekananda, Karma-Yoga und Bhakti-Yoga, Freiburg [3]1973.
Carl Albrecht, Psychologie des mystischen Bewußtseins, Mainz 1976 (Nachdruck von 1951).
Ders., Das mystische Erkennen, Mainz 1982 (Nachdruck von 1958).
Hans-Peter Dürr, Physik und Transzendenz, Bern/München/Wien 1988.

Werner Heisenberg, Schritte über Grenzen, München [2]1973.
Medard Kehl, New Age oder neuer Bund? Mainz 1988.
Carl A. Keller/Hubert Hänggi/Hans-Jürgen Ruppert/Christoph Schönborn, Reinkarnation – Wiedergeburt aus christlicher Sicht, Freiburg (Schweiz) [2]1988.
Hans Küng/Heinrich von Stietencron, Christentum und Weltreligionen, II Hinduismus, Gütersloh 1987 (Tb, vorher München 1984).
Peter Raab, Auf dem Weg in ein neues Zeitalter? Über die New-Age-Bewegung. In: CIG Nr. 42, 1987.
Vladimir Satura, Meditation mit und ohne Einstieg, in: Meditation 4, 1988.
Christoph Schönborn OP, Existenz im Übergang. Pilgerschaft, Reinkarnation, Vergöttlichung, Einsiedeln/Trier o. J., Vorwort 1987.
Walter Strolz, Heilswege der Weltreligionen: Christliche Begegnung mit Hinduismus, Buddhismus und Taoismus, Freiburg 1986.
P. Josef Sudbrack SJ, Komm in den Garten meiner Seele, Einführung in die christliche Mystik, Gütersloh 1979.
Josef Weismayer, Was ist Mystik?, in: Geist und Leben [5]1988.
Harold H. Bloomfield und drei weitere Autoren, TM – Transzendentale Meditation, Lebenskraft aus neuen Quellen. Düsseldorf/Wien 1976. (Mit einem Vorwort von Hans Selye). Englisches Original New York 1974.
John White, Alles über TM, München 1976.
Michael Mildenberger/Albrecht Schöller, Die Macht der süßen Worte, (Information und Kritik), Wuppertal 1977.
Therese Schulte, Transzendentale Meditation und wohin sie führt. Abschiedsdisput einer TM-Lehrerin, Stuttgart [2]1981.

Erika Lorenz

Ins Dunkel geschrieben
Johannes vom Kreuz – Briefe geistlicher Führung
Band 1505, 160 Seiten

Ein Pfad im Weglosen
Teresa von Ávila –
Erfahrungsberichte und innere Biographie
Band 1307, 160 Seiten

Ramon Llull
Die Kunst, sich in Gott zu verlieben
Ausgewählt, übertragen und erläutert
von Erika Lorenz
Band 1198, 128 Seiten

Teresa von Ávila
»Ich bin ein Weib – und obendrein kein gutes«
Ein Porträt der Heiligen in ihren Texten
Ausgewählt, übersetzt und eingeleitet
von Erika Lorenz
Band 920, 144 Seiten, 6. Aufl.

Francisco de Osuna
Versenkung
Weg und Weisung des kontemplativen Gebetes
Band 938, 144 Seiten, 2. Aufl.

Maria von Ägypten –
Allmacht der Buße
Von Gertrude und Thomas Sartory
Mit einer Meditation von Erika Lorenz
Band 977, 144 Seiten

Herder Taschenbuch Verlag